중국투자 가장 알고 싶은
궁금증 100문 100답

중국투자 가장 알고 싶은 궁금증 100문 100답

김희철(金熙哲) | 김애연(金愛燕) 지음

중앙경제평론사

중앙경제평론사
중앙생활사

Joongang Economy Publishing Co./Joongang Life Publishing Co.

중앙경제평론사는 앞서가는 오늘, 보다 나은 내일이라는 신념 아래 설립된 경제·경영 전문 출판사로
성공을 꿈꾸는 직장인, 경영인에게 전문지식과 자기계발의 지혜를 주는 책을 발간하고 있습니다.

중국투자 가장 알고 싶은 궁금증 100문 100답
Q&A 100 to China investment

초판 1쇄 발행 | 2004년 10월 7일
초판 2쇄 발행 | 2006년 4월 3일

지은이 | 김희철·김애연(Heecheol Kim·Eaeyun Kim)
펴낸이 | 최점옥(Jeomog Choi)
펴낸곳 | 중앙경제평론사(Joongang Economy Publishing Co.)

대　표 | 김용주
편　집 | 한옥수·최진호
디자인 | 박근영·유문형
마케팅 | 임교택·전지훈
인터넷 | 김회승

잘못된 책은 바꾸어 드립니다.
가격은 표지 뒷면에 있습니다.

ISBN 89-88486-67-6(13320)

등록 | 1991년 4월 10일 제2-1153호　주소 | ㈜100-430 서울시 중구 홍인동 3-4 우일타운 707·708호
전화 | (02)2253-4463(代)　팩스 | (02)2253-7988
홈페이지 | www.japub.co.kr　이메일 | japub@unitel.co.kr | japub21@empal.com
♣ 중앙경제평론사는 중앙생활사와 자매회사입니다.

▶홈페이지에서 구입하시면 많은 혜택이 있습니다.

※ 이 도서의 국립중앙도서관 출판시도서목록(CIP)은 e-CIP 홈페이지(www.nl.go.kr/cip.php)에서
이용하실 수 있습니다.(CIP제어번호 : CIP2004001633)

　모토롤라가 중국사업에 성공한 이유로 어떤 것을 꼽을 수 있느냐는 기자들의 질문을 받았을 때 모토롤라 중국 본부장은 '첫째 관습, 둘째 꽌시, 셋째 법률' 이라고 했습니다.

　우리나라 기업들은 간과하고 있는 면이 많지만 중국에서 사업을 하는 데 필요한 것은 우선 중국의 문화와 관습을 이해하는 것입니다. 영업이나 사업의 확장 등에 있어서 꽌시가 영향을 미치는 경우가 많다는 것은 부인할 수 없지만, 투자를 결정하고 절차를 밟아나가는 단계에서는 중국의 투자관련 법규에 맞게 투자하는 것이 중요합니다.

　중국의 법규를 잘 이해해야 합자, 합작 등 협상에서 유리한 조건으로 계약을 체결할 수 있고, 독자기업을 설립한다 하더라도 비용과 시간을 절감하며 무리없이 공장을 건설하고 회사를 운영해 나갈 수 있습니다. 즉 중국 현지 법규에 맞추어 투자해야 한다는 것이 중국에서의 사업의 기초입니다.

　우리나라에서 회사를 설립할 때는 거의 모두가 법무사나 변호사 등 전문가들에게 회사 설립 절차를 맡깁니다.

　그러나 중국에 투자할 때는 대다수 기업들이 전문가의 도움을 받지 않고 단독으로 회사 설립 절차를 밟아나가는 것이 현실입니다. 이렇게 기본 법규도 모르고 중국에 회사를 설립하다보니 일을 추진해 가는 과정에서 예상치 못한 암초를 만나거나, 회사 운영 도중에 뜻밖의 변수에 경제적, 시간적으로 많은 낭비를 하고 있기도 하며, 간혹 돌이킬 수 없는 실수를 하는 기업들도 보았습니다.

이에 중요한 중국투자 관련 법규를 쉽게 알려주고자 지난 5년간 쌓은 다양한 경험과 지식을 바탕으로, 필자 홈페이지 투자상담란이나 필자에게 직접 질의해 온 문의 사항들을 Q&A 형식으로 일목요연하게 정리해 보았습니다.

그러므로 이 책의 상담 내용은 중국에 진출한 대부분의 기업들이 풀어야 하는 숙제였으며, 향후 중국에 진출하는 기업들이 반드시 해결해야 하는 법률 문제라고 보면 틀림없습니다.

이미 중국에 진출한 기업들도 이 책의 내용을 검토해 보면서 혹시 잘못된 것은 없는지, 빠뜨린 것은 없는지를 확인해 보는 것도 유익할 것입니다.

필자는 그동안 중국에서 수많은 업무를 추진해 왔지만 아직도 중국투자 컨설팅에서 어려움을 느끼는 것은 중국이 WTO에 가입한 이후 투자관련 법규를 많이 개정하고 있으며, 지역마다 실제 법규를 적용하는 데 있어서 차이가 있다는 점입니다.

　그래서 답변의 끝 부분에 당해 지역의 해당 정부기관에 확인해보라는 충고가 많은 것이나, 마지막 교정 단계까지 내용의 수정 보완 작업을 했던 것도 그러한 이유 때문입니다.

　앞서 투자관련 법규 이론 중심의 책 《중국투자 꽌시보다 법이 우선이다》를 출간했으나, 이번 책은 실제 기업들이 중국투자를 하면서 겪은 실례를 중심으로 중요 사항을 정리하고 답변하였으므로 관련 독자분들에게 실제적으로 많은 도움이 되리라 생각합니다.

　아무쪼록 많은 분들에게 이 책의 내용이 요긴하게 쓰여서 성공하는 데 조금이나마 도움이 되기를 진심으로 바랍니다.

　끝으로 필자가 한국과 중국을 오가며 힘들게 중국투자 컨설팅 업무를 해오는 것을 곁에서 지켜보면서 용기를 북돋워준 가족들과 주위의 모든 분들에게 깊은 감사를 드립니다.

도약을 꿈꾸며

김 희 철

우선 중국이라는 한국과 가까우면서도 먼 땅에서 가족, 친지, 친구들과 떨어진 고독함과 한두 마디로 형언하기 힘든 어려움을 잘 감내하면서 열심히 일하시는 한국의 기업가, 주재원, 회사원 그리고 고락을 함께 하시는 가족분들께 깊은 경의를 표합니다.

그리고 그동안 저에게 고국분들의 고상한 인간성, 불타는 사업심, 합리적인 사유방식, 선량한 마음씨 등으로 많은 감동을 주셨으며, 저희를 믿고 일을 의뢰하셨던 한국분들께 이 자리를 빌어 다시 한 번 감사를 드립니다.

지난해에 김희철 변호사님으로부터 사무소 홈페이지 상담란에 오른 질의에 대한 답변을 책자로 묶어서 펴내면 중국투자를 준비하거나, 이미 중국에 진출한 한국기업들에게 많은 도움이 될 것 같다는 제안을 받았을 때 더없이 기뻤습니다.

근 1년간 상담란 관리를 해오면서 받은 많은 질문들은 특정 한국기업뿐만 아니라 앞으로 중국에 진출할 한국기업들이 중국에서 부딪칠 수 있는 질문들이었습니다. 그러나 몇몇 질문은 그 당시 경험 부족이나 시간상 관계로 혹은 기타 이유로 완벽한 답변을 드리지 못했기에, 이번 기회를 빌어 더 많은 기업들에 도움을 줄 수 있도록 충실하게 펴내면 마음 한구석에 남아 있던 미안

함을 덜 수 있다는 생각에서였습니다.

이번에 펴낸 책은 두 부분으로 나뉘는데 앞부분은 일부 특수 업종에 따른 법률에 관한 내용이고, 뒷부분은 회사 설립 절차와 운영에 따른 법률에 관한 것으로서 질의응답 형식으로 꾸며졌습니다.

이 책은 중국에서의 외국인 직접투자(FDI-foreign direct investment)에 관계되는 기본적인 문제들은 대부분 포괄하고 있으나, 독자들의 이해에 지장이 없도록 하기 위해 지나치게 전문적이거나 세부적인 내용은 가능한 한 취급하지 않았습니다. 그런 문제들은 전문적인 법률 실무자들의 협조를 받아야 원만하게 해결 될 수 있다고 봅니다.

끝으로 이 책이 끝없는 용기로 미지의 중국 진출을 꾀하는 한국기업과 개인 및 기진출 한국기업들에게 좋은 길잡이가 되길 바라며, 중국에서 근무하고 생활하는 모든 한국분들이 건강하시고 중국에 거주하는 하루하루가 즐겁고 보람 있으시길 빕니다.

북경사무실에서

김애연

1장 | 중국투자 이런 업종 어떻나요

1장

중국투자 이런 업종은 어떻나요

Q&A

Question 001

| 병원업 | 병원을 개업하려면 어떤 조건이 필요한지요

중국에서 치과병원을 개원하려고 하는데 단독 개원은 힘들다고 하더군요. 그래서 합자방식으로 개원하려고 하는데 개원에 필요한 서류는 무엇이고, 또한 합자에 필요한 서류는 어떻게 되는지 궁금합니다. 그리고 자본금에 대해 특별한 제한은 없는지요? 중국에서는 합자시 조심해야 한다고 하는데 조심해야 할 사항을 가르쳐 주십시오.

A

투자방식

2000년 7월 1일부터 시행되는 〈중외합자합작 의료기구관리 잠행규정〉에 따르면 외상독자병원 설립은 말씀하신 대로 불가능하고 합자 혹은 합자만 가능합니다.

투자자 자격과 투자금액 요구

투자총액은 2,000만 원 인민폐보다 적지 말아야 하며 합자합작 기간은 20년을 초과하지 못합니다. 그리고 중국측이 30% 이상 되는 지분을 가져야 합니다. 합자 당사자들은 의료위생투자와 관리에 대해 직접 혹은 간접경험이 있어야 합니다. 투자총액과 등록자본금의 비율규정에 따르면 등록자본금은 1,400만 원 인민폐보다 적지 않아야 하는데 실제상 위 금액 이하인 것이 50% 가량 됩니다.

경제가 발달하지 않은 중국 중서부지역에서 병원과 의료기구를 설립할 경우 등록자본금에 대해 엄격한 제한이 없으며 위 금액보다 적어도 됩니다.

설립절차와 필요서류

합자병원 설립시 합자병원 개설지방의 시급 위생행정부문에 초보적인 심사를 받고, 위 심사에 대해 성급 위생행정부문의 확인을 받은 후 중앙급인 위생부의 심사허가를 받아야 합니다. 나중에 대외무역경제 합작부(현재 상무부)에 합자병원 설립허가를 받고 공상등기를 합니다. 위 절차에서 여러 가지 서류가 많이 필요한데 당사자들이 준비해야 할 중요한 서류들로는 합자, 합작 당사자의 법인대표가 체결한 항목건의서(project proposal)와 가행성연구보고서 (feasibility study report), 합자 당사자들의 은행자산신용증명, 사업자등록증 복사본, 합자 · 합작계약서, 합자 · 합작회사 정관, 동사(이사 /director) 위임파견서 등입니다.

↘ 주의사항

합자시 가장 중요한 것이 파트너 선정이고 다음은 합자계약에 합자 당사자들의 권리 의무를 명확히 하여 분쟁이 생기지 않거나 적게 생기도록 하는 것이며, 중국관련 법률과 정책규정을 잘 익히는 것이 중요하다고 생각됩니다. 경영관련 법률, 인원 초빙에서의 제한, 세금우대정책도 살펴보아야 합니다. 2001년까지 중국에는 대개 200여 개의 합자 혹은 합작병원이 있었으며, 투자는 주로 미국, 일본, 홍콩, 대만, 마카오에서 온 것입니다.

법적근거
| 중외합자합작 의료기구관리 잠행규정 | 中外合資合作醫療機構管理暫行規定
· **정부부문** : 위생부, 대외무역경제합작부
· **통과일자** : 2000년 5월 15일
· **시행일자** : 2000년 7월 1일

| 의료행위 | 한국 의사가 중국에서 의료행위를 하려면

저는 서울에서 피부과 병원을 운영하고 있습니다. 북경이나 상해지역에 피부관리 전문 병원을 개원하고 싶어서 이곳 저곳에서 여러 가지 자문을 받고 있습니다. 중국에 병원을 개원하게 되면 제가 직접 의사로서 환자를 치료할 수 있는지요? 아니면 중국 의사 시험에 합격해야만 진료할 수 있는지요?

Answer

한국에서 정식 의사자격증을 소지하고 있고 아래 조건을 갖추면 중국에서 의사로서 의료행위를 할 수 있습니다.

외국의사가 중국에서 단기간 의료업에 종사한다는 것은 자국에서 합법적인 의료업 종사권을 취득한 외국 국적 의사로서 중국 의료기구의 초청이 있거나, 초빙단위의 초청, 초빙 혹은 신청으로 중국에서 1년을 넘지 않게 임상진단, 의료업무에 종사하는 것을 말합니다. 기간 만료 후에는 재등록을 통해 연장할 수 있습니다.

즉 외국의사가 중국에서 단기간 의료업에 종사하려면 반드시 중국 의료기구의 초청이 있거나 초빙단위가 있어야 하며, 관련

협의서를 체결해야 합니다. 중국에서의 단기간 의료업 종사를 신청하려면 다음과 같은 서류들이 필요합니다.

신청서 / 외국의사 학위증명 / 외국의사 의사자격증 / 외국의사 건강증명 / 초청 혹은 초빙단위 증명 및 협의서 / 관련 민사책임을 부담할 데 대한 성명 등

그 중 학위증명과 의사자격증명은 반드시 공증을 받아야 합니다. 신청이 통과되면 〈외국의사 단기행의(行醫) 허가증〉을 발급 받습니다.

또 중국 정부에서 실시하는 의사 시험에 합격해야 하는데 시험은 지역마다 틀리며, 북경시의 경우 외국의사가 매년 3.1 혹은 9.1 시험을 신청하면 북경시 위생국의 관련부서에서 외국의사의 전공 등 상황에 따라 개별적으로 시행일정을 정하고 시험을 보게 합니다.

법적근거
| 외국의사 중국단기의료업 종사 관리방법 |
外國醫師來華短期行醫暫行管理辦法
· **정부부문** : 위생부
· **발표일자** : 1992년 10월 7일
· **시행일자** : 1993년 1월 1일

| 학원사업 | 학원사업을 하려면 어떤 방식이 좋은지요

중국에서 한국인을 상대로 하는 중국어학원 설립 혹은 자동차정비학원 설립을 계획하고 있습니다. 중국도 우리나라와 마찬가지로 외국인 투자에 대한 사항을 법에서 규정하고 있을 걸로 생각되는데 학원과 관련해서는 어떠한 전체적인 규정들이 있는지요? 법인 설립 형태나 자본금 규모, 중국인과의 합자비율 규정 등에 대해 알고 싶습니다.

Answer
▣ 투자형태

외국인이 중국에서 주로 중국공민을 대상으로 하는 학교 혹은 학원을 설립하려면 단독투자는 불가능하고 반드시 중국의 법인자격을 갖춘 교육기구 및 기타 사회단체와 합작하여 공동으로 설립해야 하는데 지분은 외국측이 더 많이 차지할 수 있습니다.

　단, 외국단체 혹은 외국인 개인이 중국경 내에서 중국에 거주하는 외국인의 자녀를 상대로 한 학교를 설립할 경우 〈중외합작교육기구 잠행규정〉을 적용하지 않으며 별도의 규정을 적용합니다.

합작교육기구의 범위

외국측과 중국측은 합작하여 여러 가지 형태의 교육기구를 설립할 수 있는데 의무교육(중국의 9년제 의무교육은 초등학교/중학교 교육을 말함)과 군사, 경찰, 정치 등 특수교육을 제외한 교육기구를 설립할 수 있습니다.

특히 고등교육과 자동차정비학원 등 직업훈련교육은 중국정부의 장려대상에 속합니다.

그 외 외국 종교단체, 종교기구, 종교학교와 종교교사 인력은 중국경 내에서 합작교육기구를 설립하지 못하며, 중외합작교육기구는 중국에서 종교교육과 종교 활동을 하지 못합니다.

자본금

합작교육기구에 별도로 적용되는 자본금 제한은 없으며 중국의 관련 교육기구에 대한 규정을 따라야 합니다.

설립허가 부문

학부 이상의 고등학력 교육기구를 설립하려면 국무원 교육행정부문의 허가를 받아야 하고, 고등 전문대교육과 비학력 고등교육기구를 설립하려면 설립지역의 성, 자치구, 직할시(예를 들면 광동성, 내몽골자치구, 북경시 등) 인민정부의 허가를 받아야 합니다.

중등교육과 자학(自學)시험보강, 문화보강, 학전교육 등 교육기구를 설립하려면 설립지역의 성, 자치구, 직할시 인민정부 교육행정부문의 허가를 받아야 하고, 직업기능 훈련교육기구를 설립하려면 설립지역의 성, 자치구, 직할시 인민정부 노동행정부문의 허가를 받아야 합니다.

◩ 설립절차와 필요서류

합작교육기구 설립은 설립준비 허가와 정식 설립허가 두 가지 절차를 거치거나 바로 정식 설립해도 됩니다.

설립준비 신청시 필요한 서류는 다음과 같습니다.

① 신청보고

② 합작협의

③ 자산출처, 자금액 및 그 유효증명 서류(재산권 설명)

④ 기부 성격의 학교재산은 기부협의를 제출해야 하며, 기부인의 성명, 기부재산 금액과 관리방법 및 관련 유효 증명서류

⑤ 합작교육기구의 자금의 15% 가동자금이 예정대로 도착했다는 증명 등

위 신청에 대해 허가부문에서는 45일(근무일 기준, 이하 동)내에 허가 여부에 대해 결정을 내립니다.

정식 설립 신청에 필요한 서류는 다음과 같습니다.

① 신청보고

② 설립준비 허가서

③ 설립준비 정황보고

④ 합작교육기구 정관, 초기 이사회, 동사회 혹은 연합관리위
　원회 구성원 명단

⑤ 합작교육기구 자산 유효 증명서류

⑥ 교장 혹은 중요 행정책임자, 교사, 재무회계인원의 자격증
　명 서류 등

　허가부문에서는 3개월에 허가 여부를 결정하며 중외합작교육
기구 허가증을 발급합니다.

법적근거
| 중화인민공화국 중외합작교육기구 조례 | 中華人民共和國中外合作辦學條例
· **정부부문** : 국무원
· **발표일자** : 2003년 3월 1일
· **시행일자** : 2003년 9월 1일

| **학원운영** | 학원운영으로 생긴 이윤의 분배와 세금은

중국의 직업교육법상 학생들의 등록금 혹은 입학금으로 기술학교를 운용하고 남는 부가가치에 대해 학교에 투자한 개인 혹인 법인이 사사로이 남는 이윤을 처분할 수 없다고 하던데 맞는 말인지요? 맞다면 중국에서는 이윤을 주목적으로 하는 한국식 학원 설립은 불가능한 것입니까?

A |n|s|w|e|r|

영리 가능 여부에 대하여

현재 중국의 교육체제 하에서 교육기구는 원칙상 '비영리성' 기구인데 이 규정은 〈중화인민공화국 교육법〉 제25조의 " 모든 단체와 개인은 영리를 목적으로 학교 및 기타 교육기구를 설립하지 못한다"에 기초한 것으로 1995년의 〈중화인민공화국 중외합작교육기구 잠행규정〉도 제5조에서 중외합작교육기구는 영리를 목적으로 하지 못한다고 규정하였습니다.

2003년 위 잠행규정을 대체한 〈중화인민공화국 중외합작교육기구 조례〉는 "영리를 목적으로 하지 못한다"는 명확한 내용을 삭제하였지만, 제3조에 "중외합작교육기구는 공익사업에 속한다" 라는 내용을 첨가하였습니다. 위 〈조례〉와 중국의 교육계의 실천을 결부하여 분석하면 중외합작교육기구의 영리 가능 여부는 아직까지 불명확하지만, 동 〈조례〉 제60조에 "공상해정관리 부문에 등기등록한 경영성 중외합작훈련기구의 관리방법은 국무원에서 규정한다"고 되어 있어 앞으로 영리를 목적으로 하는 중외합작교육기구의 설립도 가능함을 알 수 있습니다.

↘ 영리와 납세와의 관계

'비영리' 란 일반적으로 다음과 같습니다.

① 이윤을 분배하지 못한다.

② 교육기구 존속기간에 재산을 양도하거나 담보로 제공하지 못한다.

③ 교육기구 종료시 청산 후의 재산은 부분만 투자자에게 반환하고 나머지는 국가 교육기금으로 처리해야 한다.

2003년 〈조례〉에서는 위 내용들에 대해 설명하지 않았거나 혹은 그 내용을 불명확하게 규정함으로써 향후 영리사업으로의 전환에 대비한 조건을 제공해 주었습니다.

'비영리' 라는 제한을 받는 반면, 교육기구는 영리성 기업과 다른 세금혜택과 국가행정관리를 받고 있습니다. 교육기구의 설립은 대부분 '교육기구 허가증' 을 받는 것을 기준으로 하며, 공상등기(주 : 사업자등록증 취득절차)와 세무등기를 하지 않습니다. 이렇게 되면 영업수입의 5% 되는 영업세도 납입하지 않을 수 있을 뿐더러 이윤의 33%인 기업소득세도 납입하지 않을 수 있습니다. 이 역시 중국에서 현재 교육업종이 투자자들의 각광을 모으고 있는 주된 원인이기도 합니다.

중외합작 교육기구를 포함한 일부 교육기구의 영리화를 허가하는 것은 필연적인 추세이며, 현재 종종 볼 수 있는 자격이전과 기타 방법으로 이윤을 이전하여 사실상 이익을 배당하거나 교육을 방패로 기타 경영을 하고 있는 현상을 근절하는 방법이기도 합니다. 또 이윤분배를 합리화하기 위해 일부 교육기구는 공상등기의 방법을 통해 일반 기업을 등록하고 있기도 하며, 일부 지역정부에서는 교육기구의 공상등기를 허가하고 있기도 합니다. 중외합작 교육기구도 그 영리성이 확정되고 공상등기를 하게 되면 일반 기업과 마찬가지로 각종 세금을 납입해야 하지만 합법적으로 이윤을 분배할 수 있습니다.

한국식 학원의 설립, 운영은 가능합니다(질의 3 참조).

법적근거

| 중화인민공화국 중외합작교육기구 조례 |

中華人民共和國中外合作辦學條例

· 정부부문 : 국무원

· 발표일자 : 2003년 3월 1일

· 시행일자 : 2003년 9월 1일

| 미용업 | 미용센터 설립 후 한국산 화장품을 사용할 수 있나요

저희는 북경에서 중국인 명의로 회사를 설립해 놓고 저희 회사에서 출자하는 내자 형태로 스킨캐어 센터를 오픈할 예정입니다. 내자기업 형태라면 정확히 어떤 서류들이 필요한지요? 외국인 단독투자나 합자·합작투자는 가능한지요? 최저 자본금액에 대한 제한은 없는지요?

그리고 저희는 한국에서 화장품을 직접 개발, 판매하고 있는데 저희 화장품을 중국으로 가지고 가서 스킨캐어 센터에서 스킨캐어 할 때 직접 사용할 수 있는지요? 아니면 중국정부로부터 검사를 받은 후에 스킨캐어 센터에서 사용가능한지요?

내자기업(중국인 명의의 회사) 설립과 문제점

북경에서 중국인 명의로 미용업 유한책임회사(주주 2명 이상)를 설립하려면 다음과 같은 절차를 밟아야 합니다.

① 소속구(주 : 市는 여러 개의 區로 이루어짐) 공상행정관리국에서 명칭등기를 함

② 지정은행에서 자본금을 납입과 자본검사를 함

③ 구공상행정관리국에서 영업허가증 발급 받음

④ 북경시 위생국으로부터 위생허가증을 발급 받음

단, 출자금액이 3,000만 원 인민폐 이상일 경우는 북경시 공상행정관리국에서 절차를 밟아야 합니다.

이럴 경우 회사경영권, 주주권리 행사 및 배당금의 국외송금 등이 주된 문제점이 됩니다. 회사경영권, 주주권리 등은 중국인과의 친분, 신뢰에 의해 확보한다 해도 이익배당금은 적법하게 국외로 송금할 수 없습니다.

▣ 미용원 투자형태 및 최저자본금

미용원은 외국인 단독투자와 중국측과의 합자 · 합작투자가 모두 가능합니다. 북경의 경우 외상투자기업 최저자본금에 대해 명문 규정이 아닌 실천 관행이 있는데 일부 지역은 15만 달러(USD)이고 일부 지역은 10만 달러(USD)입니다.

▣ 외국화장품의 수입판매 및 사용에 대하여

스킨캐어는 화장품에 속하며 화장품을 중국의 백화점, 슈퍼에서 팔려면 화장품 포장에 중국어로 표기한 수입화장품 허가번호와 CCIB인증이 있어야 합니다. 중국정부로부터 허가와 인증을 받기 위해서는 스킨캐어와 같은 너무 복잡하지 않은 화장품의 경우 서류가 완비된 정황하에서 일반적으로 4개월이 걸리는데, 위생부

질병제어센터, 수출입관리부문 등 정부부문의 허가 절차가 필요합니다. 위 절차는 좀 복잡하고 중국의 정부부문과 빈번한 접촉이 필요하기에 관련 업무대행 업체나 관련 업무에 익숙한 전문가한테 맡기는 편이 바람직합니다. 혹은 전문가로부터 컨설팅을 받고 전문가의 지도대로 담당자를 파견하여 처리해도 무방할 것입니다.

중국의 백화점 등에서 팔지 않고 귀사가 설립한 스킨캐어 센터에서만 사용한다면 위 수입절차를 밟지 않아도 적법하지는 않지만 사실상 따져볼 사람은 없을 것입니다. 지금 한국의 많은 화장품과 식품이 중국정부의 엄격한 검사 절차를 받지 않고, 바로 작은 점포나 미용실에서 팔리거나 사용되고 있습니다.

귀사의 경우 귀사 제품의 중국 내수 판매를 원하거나 중국에서의 장기적인 발전을 원하거나 잠재적인 리스크를 면하려면 위에서 말씀드린 중국정부 부문의 절차를 밟아야 합니다.

법적근거

| 외상투자산업 지도목록 및 그 부속문건 | 外商投資産業指導目錄

· **정부부문** : 국가발전계획위원회, 국가경제무역위원회, 대외무역경제합작부
· **통과일자** : 2002년 3월 4일
· **시행일자** : 2002년 4월 1일

| 음식점 | 중국에서 음식점을 해볼까 하는데요

상해에서 식당을 운영하고 싶어하는 사람입니다. 가게를 제 명의로도 운영할 수 있는지 궁금합니다. 그리고 최소 투자비용은 어느 정도쯤 드는지요? 투자할 때에 송금 부분이라든지 법률 부분의 해석도 부탁드립니다.

Answer

↘ 음식점 투자형태

음식점은 외국인이 단독으로 투자하여 경영할 수도 있고 중국인과 합자·합작하여 경영할 수도 있습니다.

↘ 최저 등록자본금

음식업의 경우 중국에 통용되는 일반적인 최저자본금 요구는 없으나, 많은 지역에서 사실상 일정한 금액 이상을 요구하고 있으므로 현지 관련 정부문에 자문하는 것이 바람직합니다. 정부부문의 현지의 대외경제무역부문 혹은 상무부문 입니다.

상해의 경우 레스토랑업은 일반적으로 최저 14만 달러(USD) 이상어야 합니다. 자본금송금은 외자기업설립 후 정관에 규정한 기일, 금액대로 기업명의로 개설한 은행구좌에 송금하면 됩니다. 한국에서 국외 송금시 중국정부에서 발급한 영업허가증(사업자등록증)이라든지 설립허가증서 혹은 기업정관을 요구하는 경우가 있습니다.

법적근거

| 외상투자산업 지도목록 및 그 부속문건 | 外商投資産業指導目錄

· **정부부문** : 국가발전계획위원회, 국가경제무역위원회, 대외무역경제합작부
· **통과일자** : 2002년 3월 4일
· **시행일자** : 2002년 4월 1일

| 프랜차이즈 | 프랜차이즈를 하려면 얼마나 들까요

북경이나 상해 등지에서 맥도널드와 같은 프랜차이즈업을 하고 싶습니다. 자본금은 1~2억 정도를 생각하고 있습니다. 현재 저희 회사에 중국인 동료가 있어 같이 투자하려고 하는데 가능한지를 알고 싶습니다.

A nswer ↘ 투자가능 여부

프랜차이즈는 중국말로 특허경영인데 규정에 따르면 '보수 혹은 특허경영 비용을 획득하기 위하여 계약체결을 통해 타인에게 상표, 상호, 경영모델 등의 사용을 허가하는 것'을 말합니다.

프랜차이즈는 2004년 6월 1일부터 합작·합자회사 형태가 가능하며, 2004년 12월 11일부터 독자회사 형태가 가능합니다. 자본금에 대해서는 특별한 제한이 없으며, 〈회사법〉 요구를 만족하면 된다고 규정하였습니다.

〈회사법〉 규정에 따르면 유한책임회사일 경우 법률상 특별한 규정이 있는 업종을 제외하고 제조업은 50만 원, 상품도매업은 50만 원, 상업소매는 30만 원, 과학기술개발 / 자문 / 서비스업은 10만 원입니다. 주식유한회사의 경우는 최저 등록자본금이

1,000만 원입니다(주 : 유한책임회사와 주식유한회사의 정의는 질문 51 참조). 단, 귀하가 회사를 설립하려는 지역에서 외상투자기업의 최저 등록자본에 기타 요구가 있으면 그 요구를 만족해야 합니다.

외국투자자한테는 양호한 신용이 있어야 하고 중국 법률,행정법규 및 관련 규칙에 위배되는 행위가 없어야 한다는 점 외에 특별한 제한이 없습니다. 단, 비교적 강한 경제실력, 선전적인 상업경영관리 경험과 마케팅 기술, 광범위한 국제 판매네트웍이 있는 외국투자자의 투자를 장려한다고 규정하고 있습니다.

법적근거

| 외상투자 상업영역 관리방법 | 外商投資商業領域管理辦法

· **정부부문** : 상무부

· **통과일자** : 2004년 4월 9일

· **시행일자** : 2004년 6월 1일

| 도소매업 | 도소매업을 하는 데 어떤 제약이 있을까요

중국에서 한국의료기기를 수입하여 판매할 계획을 갖고 있습니다. 외국인투자기업이 판매를 하기 위해서는 생산항목을 영업범위에 포함시켜야 한다는 사실, 즉 중국에 생산법인을 설립한 후 그 법인에서 생산한 제품만 판매 가능하다는 것을 알고 있습니다.

하지만 제품을 수입해서 내수판매만 할 수 있는 방법이 혹시나 있지 않을까 하는 마음에 이렇게 문의 드립니다. 그리고 중국업체에서 생산한 의료기기도 구매해서 팔고 싶습니다.

투자형태

다음에 나오는 관리방법 시행 후 2004년 12월 11월 전에는 중외합자 / 합작 형태의 도매, 소매 판매법인 설립이 가능하며, 2004년 12월 11일 이후부터 외국인 단독투자 판매법인 설립이 가능합니다.

도매란 소매업자와 공업, 상업, 기구 등 고객 혹은 기타 도매업자에게 물품을 판매하고 관련 부대서비스를 제공하는 것을 말합니다.

소매란 고정지점 혹은 TV, 전화, 우편, 인터넷, 자판기를 통해 개인 혹은 단체의 소비 목적으로 사용되는 물품을 판매하고 관련 부대서비스를 제공하는 것을 말합니다.

☑ 최저 등록자본금

최저 등록자본금은 〈중화인민공화국 회사법〉 요구에 부합되어야 한다고 규정하였는데 위 법규정에 따르면 유한책임회사일 경우 법률상 특별한 규정이 있는 업종을 제외하고 제조업은 50만 원, 상품도매업은 50만 원, 상품소매업은 30만 원, 과학기술개발 / 자문 / 서비스업은 10만 원 인민폐입니다. 주식유한회사의 경우는 최저 등록자본금이 1,000만원입니다.

☑ 경영범위

소매업기업 – 상품소매, 자체 경영상품 수입, 중국내 제품을 구매하여 해외로 수출, 기타 관련 부대 업무

도매업기업 – 상품도매, 커미션대리(경매 제외, 상품수출입, 기타 관련 부대 업무.

여기서 커미션대리는 판매대리인, 중개인, 경매인 혹은 기타 도매업자를 통해 비용을 받고 계약을 기초로 타인의 물품을 판매해주고 관련 부대서비스를 제공하는 것을 말합니다.

◼ 설립절차 및 소요기간

신설이든 점포 개설이든 아래의 예외 상황 외에는 신설지 혹은
기설립 판매기업 등록자의 성급 상무부문에 관련 신청서류를 제
출하고, 성급 상무부문(심사기간 1개월)에서 심사한 후 상무부에
보고하며, 상무부는 서류 접수일로부터 3개월 내에 설립 승인 여
부를 결정하고 요구조건에 부합되는 경우 관련 비준증서를 발급
합니다.

단, 상무부는 성급 상무부문에 관련 권한을 수권할 수 있다고
규정하였는데 이는 앞으로 실제 비준권한을 각 성에 부여할 가능
성이 많음을 암시하고 있습니다.

비준증서 발급일로부터 30일 내에 공상등기를 하고 영업허가
증을 발급 받습니다.

◼ 예외 상황

1... 소매업에 종사하는 외상투자 판매기업이 소속 성급 행정구
역(예를 들면 북경시 혹은 요녕성 범위) 내에서 점포를 개설하려
면 TV, 전화, 우편구매, 인터넷, ATM판매 및 위 관리방법 제17조
와 제18조에 규정한 특별 품목의 상품 외에는 성급 상무부문에서
승인하고 상무부에 등기만 하면 됩니다.

단, 이하 조건을 만족해야 합니다. 단일점포 영업면적은 3000
평방미터 이하이며, 점포수는 3개를 초과하지 않고, 외국투자자

가 기설립 외상투자 판매기업을 통해 중국에 개설한 동종류 점포 총수가 30개를 초과하지 말아야 합니다.

단일점포 영업면적이 300평방미터 이하이며, 점포수는 30개를 초과하지 않고, 외국투자자가 기설립 외상투자 판매기업을 통해 중국에 개설한 동종류 점포 총수는 300개를 초과하지 말아야 합니다.

2... 중외합자합작 판매기업의 상표, 상호의 소유자가 중국자본 기업 혹은 자연인이며, 또한 중국투자자가 외상투자 상업기업 가운데서 다수 지분을 장악하고, 외상투자기업의 경영범위가 〈관리방법〉 제17조와 제18조의 특별 품목 상품을 포함하지 않을 경우, 그 설립 및 점포개설 신청은 기업소재지 성급 상무부문에서 승인합니다.

만약 다른 성/직할시 등에 점포를 개설할 경우 점포개설지의 성급 상무부문의 의견을 구해야 합니다.

그 외 자동차, 출판물, 소금, 연초(煙草), 약품, 화학비료, 농약 등 특별 품목 제품의 판매에 대해서는 별도의 법률 규정이나 제한 규정이 있으므로 유의해야 합니다.

▣ 지역제한

소매업에 종사는 외상투자기업 및 그 점포 설립지역은 2004년
12월 11일 전에는 각 성 성도, 자치구 수도, 직할시, 계획단열시
와 경제특구에 한하고, 2004년 12월 11일 이후로는 지역제한을
취소합니다. 도매업은 〈관리방법〉 시행일로부터 지역제한을 취
소합니다.

법적근거

| 외상투자 상업영역 관리방법 | 外商投資商業領域管理辦法

· **정부부문** : 상무부

· **통과일자** : 2004년 4월 9일

· **시행일자** : 2004년 6월 1일

| **여행사** | 외국인도 여행사 설립이 가능한지요

중국 대련에 여행사를 설립하여 한국과 중국 사이의 관광업을 하고 싶습니다. 외국인여행사 설립이 가능한지요? 어떤 제한 사항들이 있는지 알고 싶습니다.

☑ 여행사 투자형태

본국에서 여행업에 종사하는 일정한 자격(예를 들면, 연간 여행 경영 매출이 합자·합작일 경우 400만 달러 이상, 단독투자일 경우 5억 달러 이상 등)을 갖춘 외국투자자는 단독 혹은 중국측과 합자·합작의 방식으로 여행사를 설립 할 수 있으나, 외국측이 다수 지분을 차지하지 않은 합자·합작 여행사, 외국측이 다수 지분을 차지한 합자·합작 여행사 및 외국인 단독투자 여행사에 따라 요구조건도 다릅니다.

외국측이 다수 지분을 차지하지 않은 합자·합작 여행사는 최저 등록자본금이 400만 원 인민폐 이상이어야 하며 중국 전역에 여행사 설립이 가능합니다.

외국측이 다수 지분을 차지하는 합자·합작 여행사와 외국인 단독투자 여행사는 최저 등록자본금이 역시 400만 원 인민폐 이상이면 되나, 설립 지역은 국무원에서 허가한 국가관광구역 및 북경, 상해, 광주, 심천, 서안 등 5개 도시만 가능합니다.

◩ 여행사 경영범위

위와 같은 여행사의 형태를 불문하고 외상투자 여행사는 외국인의 중국입국 관광과 중국내 관광업무를 볼 수 있으나, 중국인의 출국 관광업무(홍콩, 마카오와 대만지역을 포함)을 볼 수 없습니다. 즉, 한국인의 중국관광 업무는 가능하나 중국인의 한국관광 업무는 불가능합니다.

법적근거

| 외상 다수 지분, 외상독자 여행사 설립에 관한 잠행규정 |

設立外商控股, 外商獨資旅行社暫行規定

· **정부부문** : 국가여행국, 상무부(주 : 원 대외무역경제합작부)
· **발표일자** : 2003년 6월 12일
· **시행일자** : 2003년 7월 12일

| 여행사 관리조례 | 旅行社管理條例

· **정부부문** : 국가여행국, 대외무역경제합작부
· **통과일자** : 2001년 12월 11일
· **시행일자** : 2002년 1월 1일

| 리스/임대업 | 각종 임대업을 하는 데 제한은 없는지요

1. 중국의 리스제도에 대해 궁금한 것이 있어 문의드립니다. 최근에 자동차, 굴삭기 등에 대해 리스제도(예현금 30% 인도시 지불, 잔금 70%는 장기할부)가 시행중인 것으로 알고 있는데, 다른 산업용품(예를 들어 이동용 발전기 등)에도 적용되는 품목이 있는지 알고 싶습니다.

   저희 회사는 엔진발전기를 제작하는 회사인데, 리스제도가 가능하다면 발전기 임대 또는 전력판매사업을 추진할 계획입니다. 관련법규나 시행령이 있다면 조사해 주실 수는 있는지요?

2. 현재 중국 투자를 검토하고 있습니다. 업종은 렌털로 현행 중국투자 조건상 500만 달러 이상의 자본금 및 중외합자 형태를 가져야 한다는데 맞는지요? 다른 형태의 임대회사를 설립할 방법은 없는지요? 임대물은 제한이 없는지요?

A |n|s|w|e|r|

↘ 투자형태

외상투자 임대회사는 외국의 회사, 기업과 기타 경제단체와 중국의 회사, 기업 혹은 기타 경제단체에서 합자 혹은 합작의 형식으로 설립한 외상투자 기업을 말하므로 투자형태는 반드시 합자·

합작 회사여야 합니다.

🔲 임대회사 분류와 설립조건

임대회사는 융자임대회사와 융자임대업무 외의 임대업무를 취급하는 임대회사로 나눕니다. 융자임대회사 설립조건은 당사자들이 비교적 강한 경제실력과 융자능력을 갖춰야 하며, 중국측의 설립 신청 전 해의 총자산은 4억 원 인민폐보다 적어서는 안 되고 외국측의 총자산은 4억 달러보다 적어서는 안 되며, 5년 이상의 융자임대업 종사 경험이 있어야 합니다.

그 외 설립하려는 융자회사는 등록자본금이 2,000만 달러 이상이어야 하고, 중국측의 출자가 등록자본금의 20% 이상이어야 하며, 경영기한은 30년을 초과하지 못하는 등 제한조건이 있습니다.

기타 임대회사 설립조건은 당사자들이 비교적 강한 경제실력을 갖춰야 하며, 중국측의 설립 신청 전 해의 총자산은 1억 원 인민폐보다 적어서는 안 됩니다. 외국측의 총자산은 5,000만 달러보다 적어서는 안 되며, 3년 이상의 임대업 종사 경험이 있어야 합니다.

그 외 설립하려는 임대회사는 등록자본금이 500만 달러 이상이어야 하고, 중국측의 출자가 등록자본금의 20% 이상이어야 하며, 경영기한은 20년을 초과하지 못하는 등 제한조건이 있습니다.

◪ 임대회사 경영범위

〈융자임대회사의 경우〉

① 중국 내외의 각 종 선진 또는 필요한 생산설립, 통신설비,
의료설비, 과학연구 설비, 검사검측설비, 공정기계, 교통운
수도구(비행기, 자동차, 선박 포함) 등 기계설비 및 그 부대
기술의 여러 가지 형태의 본국화폐, 외국화폐 융자임대업무

② 임차인의 선택대로 중국 내외에서 임대업무에 필요한 물
품 및 부대기술을 구매

③ 임대거래자문과 담보업무

④ 대외무역경제합작부(주 : 현재 상무부)에서 비준한 기타 업무

융자임대회사에서 위 임대업무 외의 금융업무를 취급하려면
대외무역경제합작부의 동의를 받아야 하며, 중국인민은행에서
발표한 〈금융임대회사 관리방법〉 규정대로 중국인민은행의 심
사비준을 받아야 합니다.

〈기타 임대회사의 경우〉

① 중국 내외의 각종 선직 또는 필요한 생산설비, 통신설비,
의료설비, 과학연구설비, 검사검측설비, 공정기계, 교통운
수도구 등 통용설비의 임대업무

② 임대물품 잔존가치의 처분과 처리업무

③ 대외무역경제 합작부에서 비준한 기타 업무

◾ 외상투자 개방일정

2002년 12월 11일 전에 외국인이 다수 지분을 점하는 것을 허가
하며, 2005년 12월 11일 전에 외국인 단독투자를 허가합니다.

법적근거

| 외상투자임대회사 심사비준관리 잠행방법 |

外商投資租賃公司審批管理暫行辦法

· **정부부문** : 대외경제무역합작부

· **발표일자** : 2001년 8월 14일

· **시행일자** : 2001년 9월 1일

|무역업| 합자설립시 지분율과 자본금 투자 범위는

중국 청도에 무역회사를 설립하여 한국과 중국 사이의 수출입업무를 취급하려고 하는데 외국인이 무역업 투자에 대해 제한이 있는 걸로 알고 있습니다. 중국 무역회사와 합자를 해서 무역회사를 설립했을 때 지분율이 외자기업은 50%를 넘을 수 없다고 들었는데 사실인지요? 그리고 외국인투자 무역회사에 대해 자본금 제한도 있는지요?

Answer

외상투자 무역회사 형태

외상투자 무역회사는 외국의 회사, 기업과 중국의 회사, 기업에서 중국경 내에 설립한 전문적으로 대외무역 경영활동에 종사하는 중외합자 대외무역회사를 말하므로 투자형태는 합자만 가능하며, 합작이나 독자는 모두 불가능합니다.

중외합자 무역회사 투자자조건

외국측은 외국회사, 기업이어야 하되 합자회사 설립 신청 전 중국에 대한 3년 연간평균 무역 금액이 3,000만 달러(USD) 이상이어야 하며, 중국의 중서부 지방에 설립할 경우 위 금액은 2,000만 달러(USD) 이상이어야 합니다.

중국측은 중국의 회사, 기업이어야 하되, 대외무역경영권을
소유한 회사여야 하며, 설립 신청 전 3년 연간평균 수출금액이
3,000만 달러(USD) 이상이어야 하나 중국의 중서부 지방에 설립
할 경우 위 금액은 2,000만 달러(USD) 이상이면 됩니다.

⬂ 중외합자 무역회사 등록자본금과 지분비율

5,000만 원 인민폐 이상(단, 중서부지역은 3,000만 원 인민폐
이상) 이어야 하며, 등록자본 가운데 차지하는 외국인투자자의
지분비율이 25% 이상이어야 하며, 50% 이상을 차지해도 무방
합니다.

법적근거

| 중외합자 대외무역회사 설립에 관한 잠행방법 |

關于設立中外合資對外貿易公司暫行辦法

· **정부부문** : 대외경제무역합작부

· **발표일자** : 2003년 1월 31일

· **시행일자** : 2003년 3월 1일

| 헤드헌터 | 단독투자가 가능한지요

한국의 헤드헌터 전문업체입니다. 중국 북경에 헤드헌터회사 설립을 계획하고 있는데 단독투자가 가능한지요? 자본금에 대한 요구나 서비스 범위에 대한 제한이 있으면 알려주세요.

Answer

↘ 외상투자 인재중개기구 투자형태

외상투자 인재중개기구는 외국의 인재중개서비스 회사, 기업 및 기타 경제단체와 중국의 인재중개서비스 회사, 기업 및 기타 경제단체에서 합자하여 중국경 내에 설립한 인재중재기구를 말하는데 합자 외의 합작이나 독자 형태는 모두 불가능합니다.

↘ 중외합자 인재중개기구 투자자 조건

중국측은 설립된 지 3년 이상인 인재중개기구여야 하고 외국측은 3년 이상의 인재중개서비스 경험을 갖고 있는 외국회사, 기업과 기타 경제단체여야 하며 당사자들은 모두 신용이 좋아야 합니다.

◪ 중외합자 인재중개기구 등록자본금과 지분비율

등록자본금은 30만 달러 이상이어야 하고, 등록자본금 가운데서
외국측이 차지하는 비율이 25% 이상이어야 하며, 중국측의 비율
은 51% 이상이어야 합니다.

◪ 중외합자 인재중개기구 경영범위

① 인재 공급과 수요에 관한 정보 수집, 정리, 보존, 발포와 자
　문서비스

② 인재추천

③ 인재초빙

④ 인재테스트 / 평가

⑤ 중국경 내의 인재훈련 등

법적근거

| 중외합자 인재중개기구관리 잠행규정 | 中外合資人才中介機構管理暫行規定

· **정부부문** : 인사부, 상부무, 국가공상행정관리총국

· **발표일자** : 2003년 9월 4일

· **시행일자** : 2003년 11월 1일

| 직업소개소 | 외국인이 단독으로 할 수 있나요

중국에서 외국인이 단독으로 직업소개소를 경영할 수 있나요?

제한적인 사항이나 주의점에 대해 알고 싶습니다.

A nswer

▶ 외상투자 직업소개기구 투자형태

외상투자 직업소개기구는 중국측과의 합자 · 합작 형태가 가능하나 외국측의 단독투자 형태는 안 됩니다.

▶ 중외합자 직업소개기구 투자자 조건

중국측은 직업소개자격을 갖춘 법인이며 신용이 좋아야 하고, 외국측도 직업소개업 자격을 갖춘 법인으로서 설립국에서 신용이 좋아야 합니다.

▶ 중외합자 직업소개기구 등록자본금과 지분비율

등록자본금은 30만 달러 이상이어야 하고, 중국측과 외국측의 지분비율에 대한 특별한 제한은 없으며, 합자 · 합작회사에 대한 일반적인 지분요구에 근거하여 외국측의 지분이 25% 이상이면 됩니다.

↘ 중외합자 직업소개기구 경영범위

① 중국과 외국의 구직자와 구인업체에 직업소개서비스 제공

② 직업훈련과 자문서비스 제공

③ 노동력 시장정보 수집과 발포

④ 성급 노동행정부문 혹은 위 부문에서 수권한 지(地), 시급
노동행정부문의 동의 하에 직업초빙 상담회를 개최

⑤ 성급 노동행정부문 혹은 위 부문에서 수권한 지(地), 시급
노동행정부문에서 비준한 기타 업무

법적근거

| 중외합자중외합작 직업소개기구 설립관리 잠행규정 |

中外合資中外合作職業介紹機構設立管理暫行規定

· **정부부문** : 사회보장부, 국가공상행정관리총국

· **발표일자** : 2001년 10월 9일

· **시행일자** : 2001년 12월 1일

| 영화관 운영 | 외국인도 영화관을 차릴 수 있나요

중국에서 외국인이 영화관을 차릴 수 있나요? 자본금은 얼마나 필요하며, 어떤 제한이 있는지요?

Answer

↘ 외상투자 영화관 투자형태와 투자자 조건

외상투자 직업소개기구는 중국측과의 합자·합작 형태가 가능하나 외국측의 단독투자 형태는 안 됩니다. 외국측 회사, 기업, 기타 경제단체 및 개인이 모두 가능하며 중국측은 회사, 기업이어야 합니다.

↘ 중외합자 / 합작 영화관 등록자본금과 지분비율

등록자본금은 600만 원 인민폐 이상이어야 하고, 중외합자영화관의 경우 중국측이 지분비율이 51% 이상이어야 합니다. 단, 전국 시범도시인 북경, 상해, 광주, 성도, 서안, 남경시의 중외합자 영화관의 경우 외국측이 다수 지분을 차지할 수 있으나 75%는 초과하지 못합니다.

◪ 중외합자 / 합작 영화관 경영범위

영화관 신축, 개조와 영화상영

법적근거

| 외상투자영화관 잠행규정 | 外商投資電影院暫行規定

· **정부부문** : 국가방송영화TV총국, 상무부, 문화부

· **발표일자** : 2003년 11월 25일

· **시행일자** : 2004년 1월 1일

| 광고업 | 지사 설립이나 광고물 내용에 제한은 없는지요

저희는 옥외광고업체입니다. 중국에서도 단독으로 광고회사를 만들려고 하는데 가능한지요? 외국이 투자한 광고회사의 경우 광고제작 등에서 받는 제한이 있는지요? 중국에 설립한 광고회사가 잘 운영되어 중국의 다른 지역에 지사를 설립하려면 가능한지요?

Answer

외상투자 광고회사 투자형태와 투자자 조건

외상투자 광고회사는 중국측과의 합자·합작 및 독자 형태가 모두 가능합니다. 단, 2004년 3월 2일부터 외국측이 합자·합작 광고회사의 다수 지분을 차지할 수 있지만 지분비율이 70%를 초과하지 못하며, 독자광고회사 설립은 2005년 12월 10일부터 가능합니다.

합자·합작 광고회사를 설립하려는 외국측과 중국측은 모두 설립, 운영된 지 2년 이상인 광고업 경영기업어야 하며, 광고경영실적이 있어야 합니다. 외상독자 광고회사를 설립하려는 외국투자자는 광고업을 주업무로 하는 기업이어야 하며, 설립 운영된 지 3년 이상이어야 합니다.

◪ 외상투자 광고회사 경영범위

국가 공상행정관리국에서 모든 광고업체 통용되는 〈광고경영자
자질표준 및 광고경영 범위 조사결정 용어규범〉과 외상투자 광
고기업의 유형에 따라 설계, 제작, 발포, 국내외 광고업무대리 등
여러 가지 범위로 확정, 비준합니다.

◪ 외상투자 광고회사 지사 설립 제한

지사를 설립하려면 아래와 같은 세 가지 조건을 만족해야 합니다.

① 등록자본 납입 완료

② 연간 매출액이 2,000만 원 인민폐 이상

③ 지사 설립지역에 3개 이상의 고정된 광고고객이 있어야 함.

법적근거

| 외상투자 광고기업 관리규정 | 外商投資廣告企業管理規定

· **정부부문** : 국가공상행정관리총국, 상무부

· **발표일자** : 2004년 3월 2일

· **시행일자** : 2004년 3월 2일

| 건설업 | 건설회사를 설립하기 위한 자세한 절차가 궁금해요

한국에서 건설업을 하고 있는 회사입니다. 중국에 법인을 설립하려면 어떻게 해야 하나요? 주변에서 많은 이야기도 듣고 자료도 보았으나 전부 답이 다르더군요. 정확하게 중국 관련법 몇조, 몇항에 의해 설립조건은 어떻고, 절차, 규모별 투자금 등은 어떤지 알려 주셨으면 합니다.

Answer

외상투자 건설회사 투자형태와 투자자 조건

외상투자 건설회사는 중국측과의 합자·합작 형태나 외국투자자의 단독투자 형태가 모두 가능합니다. 외상투자 건설회사를 설립하는 데는 외국측과 중국측 파트너 자격에 양자가 모두 건설업체여야 한다든지 전 연도 매출이 얼마만큼 되어야 한다든지 하는 특별한 제한은 없습니다.

외상투자 건설회사 등록자본금과 지분비율

등록자본금에 대해서는 특별한 규정이 없으며 중국 건설업체들과 같은 조건이 적용됩니다.

합작·합자의 경우 지분비율은 일반적인 외상투자기업의 요건과 같이 외국투자자 지분이 25% 이상 점해야 하는 점 외에 중국측의 투자비율이 25% 이상이어야 한다는 점입니다.

◪ 외상투자 건설회사 경영범위

중국의 건설업체는 등급을 매기는 데 등급에 따라 공사할 수 있는 공정의 범위가 결정됩니다. 외상투자 건설회사의 경우도 마찬가지인데 회사 설립 후 국가건설업 주관 정부부문에 자격등급 신청을 해야 하며, 허가 받은 등급의 경영범위에서만 공사가 가능합니다.

시공총승포(承包, 도급) 특급과 1급, 전문승포서열 1급은 국무원 건설행정주관부문(건설부)의 허가를 받아야 하고, 시공총승포서열과 전문승포서열 2급 및 2급 이하, 노무하도급 서열 자격은 성, 자치구, 직할시 인민정부 건설행정주관부문(건설청)의 허가를 받아야 합니다.

그외 외상단독투자 건설회사는 위 자격 허가 범위 내에서 아래와 같은 공정을 맡을 수 있습니다.

① 전부 외국투자, 외국증여금, 외국투자 및 증여금으로 건설하는 공정

② 국제금융기구에서 원조하고 대출조항으로 진행하는 국제입찰의 건설 프로젝트

③ 외국자본이 50%에 달하거나 그 이상인 중외연합건설 프

로젝트 및 외국자본이 50% 미만이나 기술상의 어려움으로 인해 중국 건설기업에서 독자적으로 실시할 수 없으며, 성, 자치구, 직할시 인민정부 건설행정주관부문의 허가를 받은 중외연합건설 프로젝트

한편 중국정부에서 투자하나 기술상의 어려움으로 중국 건설기업에서 독자적으로 실시할 수 없는 프로젝트에 대해서는 성, 자치구, 직할시 인민정부 건설행정주관부문의 허가를 받아 중국 건설업체와 외상단독투자 건설회사가 연합하여 공사를 맡을 수 있습니다.

중외합자합작 건설회사는 자격 등급 범위 내에서 공정을 맡을 수 있는데 특별한 제한이 없으며, 중국의 건설업체들과 동등한 제한을 받습니다.

법적근거

| 외상투자 건축기업 관리규정 | 外商投資建築業企業管理規定

· **정부부문** : 건설부, 대외무역경제합작부
· **발표일자** : 2002년 9월 27일
· **시행일자** : 2002년 12월 1일

| 건설공정 설계업 | 관련 법률 정보를 정확히 알고 싶어요

중국의 부동산시장이 급부상하고 있다는 정보를 많이 접했습니다. 저희는 건설공정 설계업체이며 중국 진출을 꾀하고 있는데 관련법률 정보를 알고 싶습니다.

Answer

⬇ 외상투자 건설공정 설계회사 투자형태와 투자자 조건

외상투자 건설공정 설계회사는 중국측과의 합자 · 합작 형태나 외국투자자의 단독투자 형태가 모두 가능합니다. 외상투자 건설공정 설계회사를 설립하려면 외국투자자 및 외국서비스 제공자는 소속국에서 건설공정 설계업에 종사하는 기업 혹은 등록(공인)건축사, 등록(공인)엔지니어야 합니다.

⬇ 중외합자 / 합작 건설공정 설계회사 등록자본금과 지분비율

등록자본금에 대해서는 특별한 규정이 없으며 중국 건설공정설계업체들과 같은 조건이 적용됩니다. 합자 · 합작의 경우 지분비율은 일반적인 외상투자기업 요구대로 외국투자자의 지분이 25% 이상 점해야 하는 외에 중국측의 비율이 25% 이상이어야 합니다.

◪ 중외합자 / 합작 건설공정설계회사 경영범위

중국의 건설공정설계업체는 등급을 매기는데 등급에 따라 설계
할 수 있는 공정의 범위가 결정됩니다. 외상투자 건설공정회사의
경우도 마찬가지인데 회사 설립 후 국가건설업 주관 정부부문에
자격등급 신청을 해야 하며, 허가 받은 등급의 경영범위에서만
설계가 가능합니다.

건축공정설계 갑급 자격 및 기타 건설공정설계 갑을급 자격
은 국무원 건설행정 주관부문(건설부)의 허가를 받아야 하고, 건
축공정설계 을급 자격, 기타 건설공정설계 병급 및 그 이하 자격
은 성, 자치구, 직할시 인민정부 건설행정주관부문(건설청)의 허
가를 받아야 합니다.

법적근거

| **외상투자 건축공정설계기업 관리규정** | 外商投資建設工程設計企業管理規定
· **정부부문** : 건설부, 대외무역경제합작부
· **발표일자** : 2002년 9월 27일
· **시행일자** : 2002년 12월 1일

| 수출입상품 검사검증업 | 설립조건이 까다롭다고 들었는데요

중국은 한국의 최대 수출국입니다. 이런 사정을 감안하여 중국에 수출입제품을 검사검증하는 대리업체를 설립하려고 하는데 가능한지요? 어떤 제한적인 조건들이 있는지요?

Answer

외상투자 수출입상품 검사검증회사 심사비준 규정

외상투자 수출입상품 검사검증회사는 중국측과의 합자·합작 형태가 가능하나 외국측의 단독투자 형태는 안 됩니다.

합자·합작 회사를 설립하려면 중국측은 주관부문에서 허가인가 혹은 지정한 수출입상품 검사검증업에 종사하는 기업이어야 합니다.

외국측은 3년 이상의 수출입상품 검사, 검증, 인증 업무 경험이 있으며 경영하려는 업무에 적합한 경영관리인원, 전문기술인원 및 기술설비, 비교적 안정되고 확보된 고객이 있는 회사여야 하며 일정한 국제신용이 있어야 합니다.

◩ 수출입상품 검사검증회사 등록자본금과 지분비율

등록자본금은 50만 달러 이상이어야 하며, 지분비율에 대한 제한
은 없기에 외국측이 다수 지분을 차지할 수 있습니다.

◩ 중외합자 / 합작 수출입상품 검사검증회사 경영범위

외상투자 수출입상품 검사검증회사는 수출입물품의 접수인, 발
품인 및 관계인의 위임을 받고, 제3자의 신분으로 위임인을 위해
수출입상품의 검사, 검증, 인증 업무를 볼 수 있습니다. 즉 중국
국가 수출입상품 검사국으로부터 허가를 받은 범위 내에서 수출
입상품의 품질, 규격, 수량, 포장, 적재운송기술 조건의 위임검사,
검증, 인증 업무를 전부 혹은 일부 볼 수 있습니다.

◩ 수출입 상품 검사, 검증, 인증회사 개방일정

2003년 12월 11일 전에 외국인이 다수 지분을 점하는 것을 허가
하며, 2005년 12월 11일 전에 외국인 단독투자를 허가합니다.

법적근거
| 외상투자 수출입상품 검사검증회사 심사비준규정 |
設立外商投資進出口商品檢驗鑒定公司的審批規定
· **정부부문** : 국가상검국
· **발표일자** : 1995년 10월 9일
· **시행일자** : 1995년 10월 9일

|음악 · 영상제품 판매업| 외국인이 CD, VCD 판매업을 할 수 있나요

중국에 해적판 CD, VCD가 많아 원판 CD, VCD 시장이 불황이라는 얘기를 많이 들었습니다. 앞으로 관련 법률이 완벽해지고 단속이 엄격해지면 시장성이 좋을 것으로 판단되어 중국투자를 계획하고 있는데 외국인이 CD, VCD 판매업을 하려면 어떤 제한이 있는지요?

외상투자 음상제품 판매회사 투자형태와 투자자 조건

외상투자 음상제품 판매회사는 중국측과의 합작 형태만 가능하고 외국측의 단독투자나 중외합자 형태는 안 됩니다.

투자자에 대해서는 특별한 조건이 없으며 외국기업, 경제단체나 개인이 모두 가능하며 중국측은 기업 혹은 기타 경제단체여야 합니다.

중외합작 음상제품 판매회사 등록자본금, 지분비율과 경영기한

등록자본금은 특별한 요구가 없고, 지분비율은 중국측이 51% 이상을 점해야 하며, 합작기한은 15년을 초과하지 못합니다.

☒ 중외합작 음상제품 판매회사 경영범위

중외합작 음상제품 판매회사는 녹음테이프, 비디오테이프, 레코드, CD와 VCD 등 영화를 제외한 음상제품의 도소매와 임대업무를 취급할 수 있습니다. 체인점을 경영하거나 정보네트웍을 이용하여 음상제품을 판매하려면 국가 관련 규정대로 별도의 심사허가를 받아야 합니다.

☒ 외상투자 개방일정

중외합작에 한하며 중국측이 다수 지분을 점해야 합니다.

법적근거
| 중외합작 음상제품 판매기업 관리방법 | 中外合作音像制品分銷企業管理辦法
· 정부부문 : 문화부, 대외무역경제합작부
· 발표일자 : 2001년 12월 10일
· 시행일자 : 2002년 1월 10일

| 민용항공업 | 민용항공 사업의 가능성과 투자조건은

중국은 우리나라보다 훨씬 넓어서 민용항공사업이 앞으로 발전할 것이라고 보고 사업의 타당성에 대해서 조사하고 있습니다. 중국에서 위 사업을 하는데 조건들은 어떠한 것이 있나요?

A |n|s|w|e|r|

⬊ 외상투자 민용항공사 투자형태와 투자자 조건

외상투자 민용항공사는 중국측과의 합자·합작 형태의 투자가 가능하며, 또한 중국의 민용항공사가 중국 국내 혹은 해외에서 발행한 상장 외자주식을 구매하는 방식을 통해서도 투자할 수 있습니다. 외상투자 민용항공사는 반드시 법인자격을 갖추어야 합니다.

외국의 회사, 기업, 기타 경제단체 및 개인이 모두 가능합니다.

⬊ 외상투자 민용항공사 등록자본금과 지분비율

등록자본금에 대해서는 외상투자 민용항공사에 특별한 제한이 없으며 중국 민용항공사와 같은 조건을 만족하면 됩니다. 지분비율은 투자하는 분야에 따라 요구가 다릅니다.

1... 민용비행장의 경우 중국측이 상대적으로 다수 지분을 차지해야 합니다.

중국측이 상대적으로 다수 지분을 차지한다는 의미는 중국측도 여러 회사(혹은 개인)고 외국측도 여러 회사(혹은 개인)일 경우 모든 중국측의 지분을 합친 비율이 어느 하나의 외국측이 차지하는 비율보다 많아야 한다는 뜻입니다.

예를 들면, 중국측이 A, B, C 3개 회사가 있고 한국측에 D, E, F가 있을 경우, A+B+C의 지분이 D나 E나 혹은 F의 지분보다 많아야 합니다.

2... 공공항공운송기업에 투자할 경우 중국측이 다수 지분을 차지해야 하며, 한 외국측 (혹은 그 관련 기업)이 25% 이상의 지분을 차지하지 못합니다.

3... 공무비행, 공중유람, 공업(산업)서비스 등 통용항공기업에 투자할 경우 중국측이 다수 지분을 차지해야 하며, 농업, 임업, 어업작업의 통용항공기업에 투자할 경우 외상투자 비율은 중외투자자들이 합의하여 결정합니다. 즉, 이 경우는 외국측의 다수 지분이 가능합니다.

4... 항공기 보수(국제보수 시장업무를 청부 맡을 의무가 있음)와 항공연료 프로젝트에 투자할 경우 중국측이 다수 지분을 차지해야 합니다.

화물운송과 저장, 지면서비스, 항공식품, 주차장 등 프로젝트에 투자할 경우 외상투자 비율은 중외 투자자들이 합의하여 결정합니다. 즉, 이 경우는 외국측의 다수 지분이 가능합니다.

◪ 외상투자 민용항공사 경영범위

민용비행장, 공공항공 운송기업, 통용항공기업과 항공운송 관련 프로젝트에 투자할 수 있는데 구체적으로 살펴보면 다음과 같습니다.

① 민용비행장 건설은 장려항목에 속합니다. 여기서 말하는 민용비행장은 군사와 민용의 혼합비행장을 포함하지 않으며 활주로, 연락도로, 기착장, 조항등(助航燈)을 포함한 민용비행장과 항점루(航點樓)를 말합니다.

② 기존 공공항공운송기업에 투자하는 것은 장려항목에 속합니다. 한편 공무비행, 공중유람 혹은 공업서비스에 종사하는 통용항공기업에 투자하는 것을 허가하나 국가비밀에 관련한 작업프로젝트는 참여하지 못합니다.

③ 항공운송관련 프로젝트는 항공기보수, 항공연료, 화물운송과 저장, 지면서비스, 항공식품, 주차장과 기타 허가가 필요한 프로젝트를 말합니다.

외국인(회사, 개인)은 공중교통통제시스템에 투자할 수 없으며 위 시스템 관리에도 참여하지 못합니다.

그 외 외상투자 민용항공사의 경영기한은 일반적으로 30년을
초과하지 못합니다.

법적근거

| 외상투자 민용항공업 규정 | 外商投資民用航空業規定

· **정부부문** : 민용항공총국, 대외무역경제합작부, 국가발전계획위원회

· **발표일자** : 2001년 12월 10일

· **시행일자** : 2002년 8월 1일

| **희토업** | 중국에서 희토업을 할 수 있는지요

중국에서 희토업을 할 수 있는지요? 그 조건은 어떠한지요?

Answer

⬇ 외상투자 희토기업 투자형태와 투자자 조건

외상투자 희토기업은 단독투자, 중국측과의 합자 · 합작 형태 혹은 주식회사의 형태나 기타 형태가 가능합니다. 투자자조건에는 특별한 제한이 없습니다.

⬇ 외상투자 희토기업 등록자본금과 지분비율

등록자본금에 대해서는 외상투자 희토기업에 특별한 제한이 없으며, 중국기업과 같은 조건을 만족하면 됩니다. 지분비율에는 특별한 제한이 없습니다.

⬇ 외상투자 희토기업 경영범위

광산, 제련(용해)과 분리, 심(深)가공 및 응용의 3대 부류로 나눕니다.

　희토광산 : 외상이 중국경 내에 희토 광산기업을 설립하는 것

을 금지하고 있습니다.

희토제련, 분리 : 합자 · 합작은 가능하나 단독투자는 허가하지 않습니다.

희토심가공 및 응용 : 외상이 희토 심가공, 희토 신재료와 희토 응용제품에 투자하는 것은 장려 종목에 속합니다. 외상이 희토 응용제품에 투자할 경우 위 제품이 속한 업종에 대해 별도의 규정이 있으며, 위 업종 규정을 따릅니다.

법적근거

| 외상투자 희토업 관리잠행규정 | 外商投資稀土業管理暫行規定

· **정부부문** : 국가발전계획위원회

· **시행일자** : 2002년 8월 1일

| 물류업 | 택배회사 같은 화물운송업이 가능한지요

중국은 아직까지 한국이나 선진국보다 물류업이 발달되어 있지 않다고 들었습니다. 중국의 넓은 국토면적을 보아서는 앞으로 물류가 더 발달되어야 하고 물류업이 중요하게 여겨질 것이라고 생각됩니다. 중국에서도 우리나라의 택배회사 같은 화물운송업을 할 수 있는지요?

Answer

외상투자 물류회사 투자형태와 투자자 조건

외상투자 물류회사는 중국측과의 합자·합작 형태가 가능하나 외국측의 단독투자 형태는 안 됩니다.

1... 국제유통물류업에 종사하는 외상투자 물류회사를 설립하려면 투자자 가운데 최소 일방이 국제무역, 국제무역운송 혹은 국제화물운송대리업을 경영하는 양호한 실적과 운영경험이 있어야 하며, 또한 위 조건에 부합되는 투자자는 중국측 투자자거나 외국투자자 가운데 지분을 제일 많이 차지한 투자자여야 합니다.
2... 제3자물류업에 종사하는 외상투자물류회사를 설립하려면 투자자 가운데 최소 일방이 교통운송 혹은 물류업을 경영한 양호한

실적과 운영경험이 있어야 하며, 또한 위 조건에 부합되는 투자
자는 중국측 투자자거나 외국투자자 가운데 지분을 제일 많이 차
지한 투자자여야 합니다.

☑ 외상투자 물류회사 등록자본금과 지분비율

등록자본금은 500만 달러 이상이어야 하며, 국제유통 물류업에
종사하는 외상투자 물류기업의 경우 외국투자자가 차지하는 비
율이 50% 이상을 초과하지 못합니다.

☑ 외상투자 물류회사 경영범위와 경영기한

외상투자 물류회사는 물품의 운송, 저장, 싣고 부리기, 가공, 포
장, 배송, 정보처리 및 수출입 등 절차를 유기적으로 결합하여 고
객에게 다양한 서비스를 제공하는 외상투자기업인데 국제유통물
류와 제3자 물류업무를 포함합니다.

국제유통물류업무 : 수출입 및 관련 업무인데 구체적으로 물품
의 수출입을 자체 경영 혹은 대리하거나 위임을 받고 수출가
공기업을 위해 수출입업무를 대리하며, 해상운송, 항공운송,
육지운송의 수출입물품의 국제물품 운송업무를 대리하는 것
이 포함된다.

제3자물류업무 : 도로를 통한 일반물품의 운송, 저장, 싣고 부

리기, 가공, 포장, 배송 및 관련 정보처리서비스와 관련 자문 업무, 국내 물품운송대리업무, 컴퓨터네트웍을 이용한 물류 업무의 관리와 운영을 한다. 단, 외상투자 물류회사가 도로를 통한 일반물품의 운송업무 및 컴퓨터네트웍을 이용한 물류업 무의 관리와 운영에 종사하려면 중국의 현행 법률, 법규대로 허가를 받아야 한다.

외상투자 물류회사 경영기한은 일반적으로 20년을 초과하지 못합니다.

현재 외상투자 물류회사 설립이 가능한 시범지역은 북경, 천 진, 상해와 중경 등 4개 직할시와 절강, 강소, 광동성 및 심천경 제특별구 등입니다.

법적근거

│ 시범 외상투자 물류기업 설립을 전개할 데 대한 통지 │

關于開展試点設立外商投資物流企業工作有關問題的通知

· 정부부문 : 대외무역경제 합작부

· 발표일자 : 2002년 6월 20일

· 시행일자 : 2002년 7월 20일

| 기금업 | 기금을 모아서 운영하는 사업을 할 수 있는지요

중국에서도 외국인이 기금을 모아서 운영하는 사업을 할 수 있는지요?

Answer

⬊ 외상투자 기금관리회사 투자형태와 투자자 조건

외국투자자가 기금업에 투자하려면 중국경내 기금관리회사의 지분을 구매할 수 있으며 또한 중국투자자와 공동투자하여 기금관리회사를 설립할 수 있습니다. 외상투자 기금관리회사는 유한책임회사입니다.

〈외국투자자의 경우〉

① 소속국 법률에 의해 설립되고 합법적으로 존재하는 금융기구여야 하며, 최근 3년 내에 증권감독기구와 사법기관의 중대한 처벌을 받은 기록이 없어야 한다.

② 소속국은 완벽한 증권법률과 감독제도를 갖추어야 하며, 그 증권감독 정부부문은 이미 중국의 증권관리감독위원회와 증권감독합작 양해각서를 체결했고, 유효한 감독관리 합작관계를 유지하고 있어야 한다.

③ 실제 받은 자본이 3억 인민폐와 같은 가치의 자유태환화폐
보다 적지 않아야 하는 등 조건을 만족해야 한다.

〈중국측의 경우〉

① 중국측은 중국증권감독위원회에서 규정한 기금관리회사
주주자격조건에 부합되어야 한다.

◪ 외상투자 기금관리회사 등록자본금과 지분비율

등록자본금은 중국회사와 같은 제한을 받으며, 모두 〈중화인민
공화국회사법〉과 〈증권투자기금 관리잠행 방법〉에 부합되어야
합니다. 외국측이 차지한 지분은 직접 소유와 간접 소유를 포함
해서 33%를 초과하지 못하며, WTO 가입 후 3년 내에 49%를 초
과하지 못합니다.

◪ 외상투자 기금관리회사 경영범위

중국회사와 마찬가지로 〈증권투자기금 관리잠행 방법〉에 부합
되어야 합니다.

증권투자기금은 이익은 함께 나누고 위험은 함께 부담하는 집
합증권투자 방식인데 기금발행사를 통해 투자자금을 모으고, 기
금위탁관리인이 위탁관리하며, 기금관리인이 자금을 관리하고 운
용하여 주식, 채권 등 금융툴(TOOL)에 투자하는 것을 말합니다.

◪ 외상투자 증권투자기금 관리회사 개방일정

외자비율이 33%를 초과하지 못하며, 2004년 12월 11일 전에
49%까지 허가합니다.

법적근거

| 외자지분참여 기금관리회사 설립규칙 | 外資參股基金管理公司設立規則

· **정부부문** : 중국 증권감독관리위원회

· **발표일자** : 2002년 6월 1일

· **시행일자** : 2002년 7월 1일

| 벤처캐피털 | 차스닥 출범 이후 벤처캐피털업의 전망은

중국정부는 2002년부터 우리나라의 코스닥에 비견되는 차스닥을 설립하겠다고 발표해 왔는데 최근에 설립한 것으로 알고 있습니다. 중국에서도 아직 상장되지 아니한 벤처회사에 투자하여 그 회사를 관리하고 향후 상장시킨 후에 그 시세차익을 올리는 사업을 할 수 있는지요? 즉 우리나라의 벤처캐피털 사업을 할 수 있는가 말입니다.

A |n|s|w|e|r|

↘ 외상투자 창업투자기업 투자형태와 투자자 조건

창업투자란 주로 비상장 고신기술기업(이하 투자대상기업이라 칭함)에 지분투자를 하고 위 투자대상기업을 위해 관리서비스를 제공함으로써 자본가치 증가수익을 획득하는 투자방식을 말합니다.

외상투자 창업투자기업은 단독투자 및 합자 · 합작투자가 모두 가능하며, 회사 형식(주 : 중국에서 회사는 반드시 법인이어야 함)을 취할 수도 있고, 법인 형태를 취하지 않을 수도 있습니다. 투자자는 2~50명 이어야 하는데 '필수투자자' 가 최소한 1명(개)이어야 합니다.

필수투자자의 조건은 다음과 같습니다.

1... 주업무가 창업투자여야 한다.

2... 신청 전 3년의 관리자금 누계 금액이 1억 달러 이상이어야 하며, 그 중 최소 5,000만 달러는 이미 창업투자에 사용되었어야 한다. 필수투자자가 중국투자자일 경우, 위 요구는 신청 전 3년의 관리자금 누계 금액이 1억 원 인민폐 이상이어야 하며, 그 중 최소 5,000만 원 인민폐가 이미 창업투자에 사용되었어야 한다.

3... 3년 이상의 창업투자 경험이 있는 전문관리 인원이 3명 이상이어야 한다.

4... 어느 투자자의 관련 실체가 위 조건을 만족할 경우 위 투자자는 필수투자자 조건을 신청할 수 있다. 위 관련 실체는 위 투자자가 제어하는 모 실체 혹은 위 투자자를 제어하는 모 실체, 혹은 위 투자자와 함께 다른 실체의 제어를 받고 있는 모 실체를 말하며, 여기에서 제어는 제어측이 피제어측의 50% 이상의 표결권을 갖고 있는 것을 뜻한다.

5... 필수투자자 및 상기 관련 실체는 모두 소속국 사법기관과 기타 관련 감독관리기구로부터 창업투자 혹은 투자자문업무 종사 금지를 받은 적이 없으며, 사기 등 원인으로 처벌을 받은 적이 없어야 한다.

6... 법인 형태를 취하지 않을 경우, 필수투자자가 창업투자기업

에 승인 출자 및 실제 출자한 금액은 모두 승인 출자 및 실제 출자 총액의 1% 이상이어야 하며, 창업투자기업의 채무에 연대책임을 져야 한다. 회사제 형태를 취할 경우, 필수투자자가 창업투자기업에 승인 출자 및 실제 출자한 금액은 모두 승인출자 및 실제 출자 총액의 30% 이상이어야 한다.

◪ 외상투자 창업투자기업 등록자본금과 지분비율

법인 형태를 취하지 않은 창업투자기업의 등록자본금은 1,000만 달러 이상이어야 하며, 제 창업투자기업 등록자본금은 500만 달러 이상이어야 합니다. 그리고 위 필수투자자 외의 다른 투자자들의 출자는 모두 각자 100만 달러 이상이어야 합니다. 지분비율에 대한 제한은 없습니다.

◪ 외상투자 창업투자기업 경영범위

창업투자기업이 경영할 수 있는 업무 범위는 다음과 같습니다.

① 전액 자체 자금으로 기업을 신설하거나, 기존 기업에 투자하거나, 기존 기업투자자로부터 지분을 양도 받거나 혹은 기타 국가 법률, 법규가 허가하는 방식으로 지분투자

② 창업투자 컨설팅

③ 투자대상기업에 관리자문을 제공

④ 심사비준기구에서 허가한 기타 업무

창업투자기업은 아래와 같은 활동을 할 수 없습니다.

① 외상투자금지 분야에 투자할 수 없다.

② 직접 혹은 간접적으로 상장하여 거래하는 주식과 기업채권에 투자할 수 없다. 단, 투자대상기업이 상장한 후 창업투자기업이 소지한 지분은 여기에 속하지 않는다.

③ 직접 혹은 간접적으로 자체 사용이 아닌 부동산에 투자하지 못한다.

④ 대출로 투자할 수 없다.

⑤ 자체 사용이 아닌 자금을 투자에 사용할 수 없다.

⑥ 타인에게 대출을 하거나 담보를 제공할 수 없다. 단, 창업투자기업이 투자대상기업에 대한 1년 이상의 기업채권과 투자대상기업 지분으로의 전환이 가능한 채권 성격의 투자는 제외된다. 이 규정은 투자대상기업이 해당 채권을 발행할 수 있는지 여부와는 관계가 없다.

⑦ 법률, 법규 및 창업투자기업계 약이 금지하는 기타 사항

▣ 외상투자 창업투자기업 수익창출 방식

창업투자기업은 주로 자체 소유의 투자대상기업의 지분을 매각 혹은 기타 방식으로 처분하는 것을 통해 수익을 획득합니다. 위 방식을 취할 경우, 적법하게 탈퇴할 수 있는데 주로 다음과 같은

절차가 필요합니다.

① 자체 소유의 부분 지분 혹은 전부 지분을 기타 투자자에게 양도한다.

② 투자대상기업과 지분회수 구매협의를 체결하여, 투자대상기업이 일정한 조건하에 창업투자기업의 소유 지분을 회수 구매한다.

③ 투자대상기업은 법규정의 상장조건을 만족할 경우 해외증권시장 상장을 신청할 수 있다. 창업투자기업은 증권시장을 통해 적법하게 자체 소유의 투자대상기업 지분을 양도할 수 있다.

④ 기타 중국 법률, 법규가 허가한 방법에 따른다.

법적근거

| 외상투자창업 투자기업 관리규정 | 外商投資創業投資企業管理規定
· 정부부문 : 대외무역경제합작부, 과학기술부, 국가공상행정관리국, 국가세무총국과 외환관리국
· 발표일자 : 2003년 1월 30일
· 시행일자 : 2003년 3월 1일

| 창업투자 관리업 | 설립하는 데 어떤 제한조건들이 있는지요

중국에서 창업투자 관리기업을 설립하는 데 제한조건은 없는지요?

Answer

↘ 외상투자 창업투자 관리기업 투자형태와 투자자 조건

외상투자 창업투자 관리기업의 투자형태는 파트너십(법인 아님)과 회사제를 취할 수 있다는 규정에 외에 특별한 제한이 없습니다. 즉 단독, 합자, 합자의 형태가 모두 가능합니다. 투자자 조건에도 특별한 제한이 없습니다.

↘ 외상투자 창업투자 관리기업 등록자본금과 지분비율

등록자본금이 100만 원 인민폐 (혹은 같은 가치의 외화) 이상이어야 하며, 지분비율에 대한 제한은 없습니다.

↘ 외상투자 창업투자 관리기업 경영범위

창업투자 관리기업은 주로 창업투자기업의 투자업무를 위탁 받아 관리하는 업무를 처리하며, 한 창업투자 관리기업은 여러 창업투자기업의 관리를 위탁 받을 수 있습니다.

◪ 국외 창업투자 관리기업의 관리 방식

해외(국외)의 창업투자 관리기업은 중국내의 창업투자기업의 위탁을 받고 창업투자 관리업무를 진행할 수 있는데, 이 경우 관리계약을 체결하고 위 계약은 중국 정부의 승인을 받아야 합니다.

법적근거

| 외상투자 창업투자기업 관리규정 | 外商投資創業投資企業管理規定

· **정부부문** : 대외무역경제합작부, 과학기술부, 국가공상행정관리국, 국가세무총국과 외환관리국

· **발표일자** : 2003년 1월 30일

· **시행일자** : 2003년 3월 1일

| 도시계획업 | 중국에서 도시계획가로 일하고 싶은데요

중국에서 도시계획가로서 사업을 펼치고 싶습니다. 이 사업을 중국에서 할 수 있는지요?

Answer

◼ 외상투자 도시규획 서비스기업 투자형태와 투자자 조건

외상투자 도시규획 서비스기업은 중국측과의 합자·합작 형태나 외국측의 단독투자 형태나 모두 가능합니다. 외국투자자는 소속 국 혹은 지역에서 도시규획 서비스에 종사하는 기업 혹은 전문기술자여야 합니다.

◼ 외상투자 도시규획 서비스기업 설립 조건

등록자본금과 지분비율에 대해서는 특별한 요구가 없습니다. 다른 특별한 요구라 하면 도시규획, 건축, 도로교통, 원림녹화 및 관련 공정 등 방면의 전문기술자가 20명 이상이어야 하되, 그 가운데 외국 국적 기술자가 전체 전문기술자 가운데서 차지하는 비율이 25% 이상이어야 하며, 도시규획, 건설, 도로교통, 원림녹화 전문 외국기술자가 각각 1명 이상이어야 합니다.

⬔ 외상투자 도시규획 서비스기업 경영범위

도시 제반계획 외의 도시규획 편성제작, 자문 업무를 볼 수 있습
니다. 〈외상투자 도시규획 서비스기업 관리규정〉 외에 구체적으
로 〈중화인민공화국 도시규획법〉과 기타 관련 법률, 법규의 규
정을 준수해야 합니다.

법적근거

| 외상투자 도시규획 서비스기업 관리규정 |

外商投資城市規劃服務企業管理規定

· **정부부문** : 건설부, 대외무역경제합작부

· **발표일자** : 2003년 2월 13일

· **시행일자** : 2003년 5월 1일

| 골프장 운영 | 골프장 건설 조건이 까다롭다고 하던데요

중국에서 골프장을 하고 싶은데 무엇을 조심해야 하고 관련된 법규는 무엇이 있나요? 또 법률상의 도움을 받을 수 있는지요? 답변 부탁 드립니다.

A 중국의 최신 〈외상투자산업 지도목록〉에 의하면 골프장의 건설과 경영은 외상투자제한 항목에 속합니다. 즉 원칙상에서는 외상단독투자, 중국 파트너와의 합자경영, 합작경영 모두 가능하나 각 지역마다 특별한 규정이 있을 수 있으니 회사를 설립하려는 지역의 정부기관에 자문하셔야 할 것입니다.

단 지금 중국에서 골프장을 건설하기 위해서는 무엇보다도 골프장 용지 확보가 중요한데 골프장 용지 내에 농지 등이 포함되어 있으면 허가를 내어주지 않으며, 북경의 경우 여러 골프장이 실제로는 골프장 운영허가를 받은 것이 아니라 골프 아카데미, 연습장 허가를 받은 뒤에 그 실습 시설로 골프장을 만들어 운영하고 있기도 하는 등 정부의 규제를 피하기 위한 편법을 사용하는 곳도 있습니다.

또 북경의 경우 단순히 골프장 허가는 당분간 내어주지 않겠다는 정부의 방침이 2003년 12일 발표되기도 하였습니다.

중국 언론 보도에 따르면 중국에는 현재 176개의 골프장이 있는데 주관 부문의 국토자원부의 정식 허가를 거쳐 건설된 곳은 10개에 불과하며, 나머지는 지방정부와 부동산개발업자들이 여러 가지 다른 명목으로 토지사용권을 취득해 건설한 것이라고 합니다. 또 중국정부는 곧 골프장들에 대한 정리작업에 들어갈 것이라고 합니다.

법적근거

| **외상투자산업 지도목록 및 그 부속문건** | 外商投資産業指導目錄

· **정부부문** : 국가발전계획위원회, 국가경제무역위원회, 대외무역경제합작부
· **통과일자** : 2002년 3월 4일
· **시행일자** : 2002년 4월 1일

| 출판업 | 한국 출판물을 중국에서 인쇄 발행 가능한지요

한국에서 발행하는 신문을 중국에서 같은 내용으로 인쇄, 발행하는 회사를 설립하려고 하는데 가능한지요?

Answer

◻ 출판업 외상투자 제한

중국의 〈출판관리조례〉(2001년)에 따르면 "출판"이란 출판물의 출판, 인쇄/복제, 수입 및 발행을 말하며, 출판물이란 신문, 잡지, 도서, 음상(주 : 음악, 소리, 영상)제품, 전자출판물 등을 말합니다.

위 출판물들은 출판단위에 출판한 것이어야 하는데, 출판단위는 신문사, 잡지사, 도서출판사, 음상출판사와 전자출판물 출판사 등을 가리킵니다.

법인이 신문사, 잡지사를 설립하지 않고 신문, 잡지를 출판할 경우 위 법인이 설립한 신문 편집부, 잡지 편집부를 출판단위로 간주합니다.

현재 외국인이 투자할 수 있는 부분은 중국의 출판단위에서 출판한 도서, 신문, 잡지 판매뿐이며 출판물의 출판, 인쇄/복제, 수입 및 총발행 업무는 할 수 없습니다.

그러므로 한국에서 출판한 신문을 중국에서 인쇄, 발행하는 회사 설립은 불가능합니다.

◪ 외상투자 도서, 신문, 잡지 판매기업 투자형태와 투자자조건

외상투자 도서, 신문, 잡지 판매기업은 합자 · 합작 혹은 단독 투자의 형태를 취할 수 있는데 설립된 기업은 유한책임회사 혹은 주식유한회사여야 하며 투자자 조건에는 특별한 제한이 없습니다.

◪ 외상투자 도서, 신문, 잡지 판매기업 등록자본금과 지분비율

외상투자 도서, 신문, 잡지 도매기업일 경우 등록자본금은 3,000만 원 인민폐 이상이어야 하고, 외상투자 도서, 신문, 잡지 소매기업일 경우 등록자본금은 500만 원 인민폐 이상이어야 하며, 지분비율에는 특별한 제한이 없습니다.

소매기업은 2004년 5월 1일부터 설립 가능하고 도매기업은 2004년 12월 1일부터 설립 가능합니다. 그 외 인테넷을 통한 판매, 체인점경영과 독자클럽 등 업무는 위 〈방법〉 제7조~제14조의 규정대로 허가 수속을 밟습니다.

◪ 외상투자 도서, 신문, 잡지 판매기업 경영범위

국가공상행정관리국에서 모든 광고업체에 통용되는 〈광고경영자 자질표준 및 광고경영범위 조사결정 용어규범〉과 외상투자

광고기업의 유형에 따라 설계, 제작, 발포, 국내외 광고업무대리
등 여러 가지 범위로 확정 비준합니다.

법적근거
| 외상투자 도서 신문 잡지 판매기업 관리규정 |
外商投資圖書, 報紙, 期刊分銷企業管理辦法
· **정부부문** : 신문출판총서, 대외무역경제합작부
· **발표일자** : 2003년 3월 17일
· **시행일자** : 2003년 5월 1일

| 생활정보지업 | 생활정보지도 출판물에 해당 하나요

중국의 외자기업법을 보니 신문업은 투자금지 항목, 인쇄출판업 또한
투자제한 항목으로 규정이 되어 있더군요.

중국에서 생활정보지(기사 없는)가 신문업으로 분류가 됩니까? 중국
에서 내국인들을 상대로 한 생활정보지 발간을 위한 투자가 불가능합
니까?

A nswer
뉴스, 보도 및 기타 비광고 정보를 싣지 않는 광고만을 기
재한 생활정보지는 출판업에 속하지 않고 광고회사의 경영범위
에 속합니다. 위와 같은 생활정보지는 무료로 소비자들한테 배포
되는데 신문이 아닌 잡지로 취급됩니다.

　　이와 같은 생활정보지를 발간하려면 먼저 광고회사를 설립한
후 현지 공상행정관리부문의 생활정보지 발간에 대한 허가를 받
아야 합니다 (광고회사 설립조건은 [15]번 질의 응답을 참조).

법적근거

| 인쇄품 광고관리방법 | 印刷品廣告管理辦法
· **정부부문** : 국가공상행정관리국
· **시행일자** : 2000년 3월 1일

| 보세구 무역회사 | 중국의 보세구 정책에 대해 알고 싶어요

중국에 외국인이 무역회사를 설립하는 조건이 까다로운데 보세구에 설립하면 단독투자가 가능하고 자본금 요구도 높지 않다고 들었습니다. 중국의 어떤 지역에 보세구가 있고 보세구 무역회사의 등록자본금 요구 및 기타 보세구 정책에 대해 알고 싶습니다. 혹자는 2년 내에 보세구가 폐지될 것이라고도 하던데 사실인지요? 북경도 보세구가 있나요?

A|n|s|w|e|r|

■ 중국 보세구 개황

상해 외고교보세구, 천진항보세구, 대련보세구, 해남성 해구보세구, 광주보세구, 심천 복전보세구, 영파보세구, 산동성 청도보세구, 광동성 싼터우보세구, 광동성 주해시 주해보세구, 강소성 장가항보세구 등의 보세구가 있습니다.

앞으로 작은 보세구들은 합병될 가능성도 있지만 보세구의 역할이 강화되고 있는 추세이며, 2년 내에 보세구라는 제도 자체가 폐지된다는 것은 현실적으로 불가능합니다.

위 보세구들 가운데서 상해보세구가 기반이 제일 완벽하게 갖추어져 있으며 정책면에서도 가장 정규적입니다. 북경에는 아직 보세구가 없으며 보세구 설립을 계획하고 있다는 얘기도 들리지만 지리적 위치 등 원인으로 그 진척이 어려울 것입니다. 보세구에 외상독자의 무역회사를 설립하도록 허가하는 것은 시범에 속하며, 점차적으로 외상독자 무역회사에 대한 제한을 줄일 것입니다.

◩ 최저 등록자본금

상해의 경우 20만 달러(USD)이며, 대련의 경우 회사 명칭 가운데 '국제' 라는 단어를 사용하면 14만 달러(USD) 이상이고, '국제' 라는 단어를 사용하지 않으면 6만 달러(USD) 이상이어야 합니다. 기타 지역은 조사해 보지 않았지만 위 금액을 기준으로 상하일 것입니다.

◩ 수출입 절차

1... 제품이 보세구역에서 중국 내 비보세구역으로 나가거나 중국 내 비보세구역에서 보세구역으로 들어올 때 통관은 중국의 수출입회사를 통해서 해야 하고, 위 수출입회사의 작용은 세관신고를 하는 것이며, 상해의 경우 수출입제품 가격의 1%의 수수료를 받습니다. 2006년부터는 위 세관신고도 보세구에 설립한 무역회사에서 바로 할 수 있게 정책이 변한다는 일설도 있습니다.

2... 제품은 원칙상 반드시 무역회사가 설립된 지역의 보세구를

통해 수출입되어야 하며, 위 무역회사가 중국 내 기타 보세구에
분회사를 설립할 경우 분회사가 설립된 보세구를 통해 수출입할
수도 있습니다.

☑ 분회사, 판사처 설립 관련

[근거]〈보세구 내 외상투자기업에서 보세구 외에 분지기구를 설
립하는 문제에 대한 통지〉 (1996. 10. 17 국가공상행정관리국)

　　경영성 분회사는 무역회사 소재의 보세구 외의 기타 보세구
에 설립할 수 있으며, 비경영성의, 즉 업무연락 역할만 하는 판사
처는 중국 내 임의의 지역에 설립 가능합니다.

☑ 세금관련

영업세, 소득세, 관세, 수출입환 절증치세(부가세) 등 세금종목이
있는데, 각 보세구마다 세금혜택 정책이 틀리기에 구체적인 조사
가 필요합니다. 그 중 소득세는 30%, 증치세는 17%, 영업세는
상해 보세구의 경우 5%이고, 관세는 제품에 따라 틀립니다.

법적근거
| 인쇄품 광고관리방법 | 印刷品廣告管理辦法
· **정부부문** : 국가공상행정관리국
· **시행일자** : 2000년 3월 1일

| 자산평가업 | 외국인이 자산평가사 자격을 획득 가능한지요

중국은 현재 부실 국유기업의 매각이나 우량 국유기업에도 외국인의 지분참여를 허용하는 등의 정책으로 공정한 자산평가가 더욱 비중을 차지하고 있다고 봅니다. 중국에서 외국인이 자산평가사 자격을 획득하고 이 사업을 할 수 있는지요?

Answer

 **외상투자 자산평가기구 투자형태와 투자자 조건**

외상투자 자산평가기구는 외국과 중국의 자산평가기구가 합자·합작의 형식으로 설립한 자산평가기구를 말하며 외국인 단독투자 형태는 안 됩니다. 투자자 조건은 다음과 같습니다.

1... 중국의 평가기구(중국측)는 국가자산국에서 통일적으로 발행한 〈자산평가자격증〉을 취득한 자산평가회사(사무소), 토지평가사무소, 부동산평가사무소, 회계사사무소, 회계감사사무소, 재무자문회사 등입니다.

2... 외국의 평가기구(외국측)는 선진전문기술을 가지고 신용이 양호한 연간 수입이 2,000만 달러 이상이고, 평가전문 인원이 200명 이상이며, 중국 자산평가 고급인원과 업무교류 수준 능력

을 갖춘 기구여야 합니다. 또 소속국에서 관련 자격을 갖춰야 하며, 5년 이상의 자산평가 자격과 풍부한 자산평가지식과 경험이 있어야 합니다.

◪ 외상투자 자산평가기구 등록자본금과 지분비율

등록자본금은 50만 달러 이상이어야 하며 지분비율에 대한 제한은 없습니다.

◪ 외상투자 자산평가기구 경영범위

각종 자산 관련인의 위탁을 받고 제3자의 신분으로 위탁인을 위해 각종 관련 자산 가격평가정보를 제공하는 업무를 보며, 허가를 받은 경영범위 내에서 구체적으로 위탁인과 관련한 유동자산, 장기투자, 부동산, 기계설비, 건설 중에 있는 공정 지연(deferred) 자산 및 무형자산 등의 가치평가 업무를 처리할 수 있습니다.

외국평가기구는 중국경 내에 하나의 외상투자평가기구만 설립할 수 있습니다.

법적근거
| 외상투자 자산평가기구 설립에 관한 약간의 규정 | 設立外商投資資産評
· **정부부문** : 국가국유자산관리국, 대외무역경제합작부
· **발표일자** : 1997년 4월 7일
· **시행일자** : 1997년 4월 7일

| **보험업** | 중국에서 보험을 하려면 어떤 조건이 필요한지요

외국보험회사가 중국에 보험업을 하려면 어떤 조건을 만족해야 하나요?

A 외상투자 보험회사 투자형태와 투자자 조건

외상투자 보험회사는 아래와 같은 세 가지 형태를 취할 수 있습니다.

① 외국보험회사와 중국의 회사, 기업이 공동으로 중국에 설립한 중외합자보험회사

② 외국보험회사가 중국에 단독으로 투자하여 설립한 독자보험회사

③ 외국보험회사가 중국에 설립한 외국보험회사 분회사

외상투자 보험회사를 설립하려는 외상보험회사는 아래와 같은 조건을 만족해야 합니다.

① 보험업무 경영기간이 30년 이상

② 중국에 대표기구(연락사무소)를 설립한 시간이 2년 이상

③ 설립 신청을 제출하기 전해의 연말 총자산이 50억 달러 이

상이어야 함

④ 소속국 혹은 지역의 보험감독 관리제도가 완벽해야 하며,
   동시에 위 보험회사는 소속국 혹은 지역 주관 당국의 효과
   적인 감독관리를 받고 있어야 함

⑤ 소속국 혹은 지역의 상환지급능력 기준에 부합되어야 함

⑥ 소속국 혹은 지역의 주관 당국에서 위 보험회사의 설립 신
   청을 동의해야 함

⑦ 중국 보험감독관리위원회(이하 '중국보감회' 라 약칭)에서
   규정한 기타 조건을 만족해야 함

▣ 외상투자 보험회사 등록자본금과 지분비율

합자보험회사, 독자보험회사의 최저등록자본은 2억 원 인민폐
이상 혹은 동등 가치의 자유태환화폐여야 하며, 위 최소금액은
반드시 실제 납입한 화폐자본이어야 합니다.

또 외국보험회사 분회사의 경우 본사에서 무상으로 2억 원 인
민폐 혹은 동등 가치의 자유태환 화폐를 운영자금으로 조달해 주
어야 합니다. 중국보감회는 외상투자 보험회사의 업무범위, 경영
규모에 따라 위 최저 등록자본금과 최저 운영자금 금액을 높일
수 있습니다.

인신(人身)보험업무와 재산보험업무를 경영하는 외상투자 보
험회사의 설립형식, 외국자본 비율은 중국보감회에서 관련 규정

에 따라 확정합니다. 외상투자 보험회사는 설립된 후 등록자본 혹은 운영자금 총금액의 20%를 보증금으로 적립하여 중국보감회에서 지정한 은행에 예금해야 하며, 보증금은 외상투자 보험회사 청산 시에 채무상환으로 사용 외 기타 용도로 사용할 수 없습니다.

◪ 외상투자 보험회사 경영범위

외상투자 보험회사는 중국보감회에서 확정한 업무범위 내에서 다음의 각종 보험업무를 전부 혹은 부분적으로 경영할 수 있습니다.

재산보험업무 : 재산손실보험, 책임보험, 신용보험 등 보험업무 포함

인신보험업무 : 생명보험, 건강보험, 의외상해보험 등 보험업무 포함

외상투자 보험회사는 중국보감회의 확정 범위 내에서 대형 상업리스크보험 업무를 통괄보험증서 보험업무를 경영할 수 있습니다. 그리고 외상투자 보험회사는 위 보험업무의 아래 같은 보험업무를 경영할 수 있습니다.

① outward reinsurance(分出保險)

② inward reinsurance(分入保險)

한 외상투자 보험회사는 재산보험업무와 인신보험업무를 동시에 경영할 수 없습니다. 그 외 외상투자보험회사는 중국보감회

의 허가없이 그의 관련기업과 다음의 거래를 하지 못합니다.

① 재보험의 분출 혹은 분입 업무

② 자산매매 혹은 기타 거래

외상투자 보험회사의 관련기업은 위 외상투자 보험회사와 다음 사항 가운데 한 가지 이상 관계가 있는 기업을 말합니다.

① 지분, 출자 방면에서 제어관계가 있는 경우

② 지분, 출자 방면에서 모두 제3자의 제어를 받는 경우

③ 기타 서로 관계되는 이익이 있는 경우

▣ 외상투자 보험회사 지사 설립

외상투자 보험회사는 중국보감회의 관련 규정대로 중국보감회의 심사, 허가를 거쳐 중국의 다른 지역에 지사를 설립할 수 있습니다.

▣ WTO 가입시 중국이 한 약속

모든 보험 및 그 관련 서비스, 생명보험, 건강보험과 양로금 / 연금, 비생명보험, 재보험, 보험보조 서비스를 제공할 수 있는데 구체적으로 아래와 같습니다.

〈기업형식상〉

외국의 생명보험회사를 제외한 보험회사에서 분회사 합자회

사 형태의 보험회사를 설립하는 것을 허가하며, 외국자본 비율이
51% 이상을 차지할 수 있습니다.

중국이 WTO 가입 후 2년 내에 외국의 생명보험회사를 제외
한 보험회사에서 외상독자자회사를 설립하는 것을 허가하며, 기
업형태 제한을 폐지합니다. WTO 가입 후부터 외국생명보험회
사에서 지분비율이 50%에 달하는 합자회사를 설립하는 것을 허
가하는 것 등입니다.

한편 대형 상업보험브로커와 재보험브로커, 국제해상운송 ·
항공운송 운송보험과 재보험브로커의 경우 WTO 가입 후부터
외국자본비율이 50%를 초과하지 않는 합자회사를 설립하는 것
을 허가하고, 가입 후 3년 내에 외국자본비율은 51%까지 높일
수 있습니다. 가입 후 5년 내에 외상독자자회사 설립을 허가하
나, 기타 중개(브로커)서비스에 대해서는 약속하지 않았습니다.

〈지역범위〉

가입 후부터 외국생명보험회사와 기타 보험회사 및 보험 브로
커회사에서 상해, 광주, 대련, 심천과 불산에서 서비스를 제공하
는 것을 허가합니다.

또 가입 후 2년 내에 북경, 성도, 중경, 복주, 소주, 하문(샤먼),
영파, 심양, 무한과 천진에서 서비스를 제공하는 것을 허가하며,
가입 후 3년 내에 지역 제한을 취소합니다.

<업무범위>

　가입 후부터 외국의 생명보험회사를 제외한 기타 보험회사에서 지역제한이 없는 '통괄보험증서' 대형 상업리스크보험을 제공하는 것을 허가하며, 국민대우대로 외국보험 브로커회사에서 중국보험 브로커회사보다 늦지 않은 시기에 또 나쁘지 않은 조건으로 '통괄보험증서' 서비스를 제공하는 것을 허가합니다.

　외국의 생명보험회사를 제외한 기타 보험회사는 가입 후부터 중국 밖의 기업에 보험을 제공할 수 있으며, 중국의 외상투자기업에 재산보험, 책임보험 및 신용보험을 제공할 수 있습니다. 가입 후 2년 후부터 외국의 생명보험회사를 제외한 기타 보험회사는 중국 내외의 고객들에게 모두 생명보험 외의 서비스를 제공할 수 있습니다.

　외국보험회사가 외국인과 중국인에게 개인(비단체)보험서비스를 제공하는 것을 허가하며, 가입 후 3년 뒤에, 외국보험회사는 외국인과 중국인에게 건강보험, 단체보험과 양로금 / 연금보험을 제공할 수 있습니다. 가입 후 외국보험회사는 분회사, 합자회사 혹은 회상독자자회사 형태로 생명보험과 비생명보험의 재보험서비스를 제공할 수 있으며, 지역 혹은 영업허가증 발급 수량 제한을 받지 않습니다.

<외상투자 보험기구 설립 자격조건>

투자자는 WTO체제에서 30년 이상 상업기구 설립 경험이 있는 외국보험회사여야 하며, 연속 2년간 중국에 대표처를 운영해야 합니다. 신청 전 해의 1년 연말 총자산액이 50억 달러를 초과해야 (보험브로커 회사사는 5억 달러 이상) 합니다. 가입 후 1년 내에 총자산은 4억 달러 이상, 2년 내에 3억 달러 이상, 4년 내에 2억 달러 이상을 초과해야 합니다.

제한 사항으로는 외상투자 보험회사는 중국의 법정보험업무를 경영하지 못합니다.

▣ 외상투자 개방일정

① 비생명보험회사 : 외자비율이 51%를 초과하지 못하며, 2003년 전에 외상독자를 허가합니다.

② 생명보험회사 : 외자비율이 50%를 초과하지 못합니다.

③ 보험브로커회사 : 외자비율이 50%를 초과하지 못하며, 2004년 12월 11일 전에 51%까지 허가하고, 2006년 12월 11일 전에 외국인 단독투자를 허가합니다.

법적근거

| 중화인민공화국 외자보험회사 관리조례 |

中華人民共和國外資保險公司管理條例

· **정부부문** : 국무원

· **발표일자** : 2001년 12월 12일

· **시행일자** : 2002년 2월 1일

| 독자 선무회사 | 중국내 해상운송 업무를 하고 싶은데요

저희 회사는 선박을 가지고 화물을 운송하고 있습니다. 저희 회사가 중국에 회사를 설립하여 저희 회사 선박을 이용하여 중국 항구에서 화물을 운송하는 사업을 할 수 있는지요?

A |n|s|w|e|r|

↘ 외상독자 선무회사 투자자 조건

외상독자 선무회사는 외국의 해상운송회사가 중국에 설립한 독자회사를 말하는데 위 독자회사의 설립은 중국정부와 위 해상운송회사 소속국 정부간에 체결한 해상운송협정 및 관련 법률문건 규정대로 중국 대외무역경제합작무(현재 상무부)와 교통부에서 허가합니다.

그 외 외국투자자는 아래 조건을 만족해야 합니다.

① 15년 이상의 해상운송업무 경력이 있어야 함.

② 독자선무회사를 설립하려는 항구도시에 중국 교통부의 허가하에 상주대표기구를 설립한 지 3년 이상이 되어야 함.

③ 라이너(liner) 선박은 최소 한 달에 한번은 독자선무회사를 설립하려는 지역의 도시항구를 이용해야 하는데, 단 공동

선박 파견, 선박 상호교환, 연합경영 등 합작방식으로 항
로를 경영하며, 허가를 받아 항로경영권으로 취득하면 위
조건을 만족한 것으로 간주 함. 한편 비정기 선박운송을 하
는 외국해상운송업체는 중국에 안정적인 화물 공급원이
있어야 함.
④ 중국에서 경영활동을 함에 있어서 연속 2년간 중국의 법률
과 행정법규, 규장제도를 위반하는 행위가 없었음.

◩ 외상투자 독자선무회사 등록자본금

외상투자 독자선무회사 등록자본은 100만 달러 이상이어야 합니
다. 그 외 독자선무회사는 분회사 1개를 증가할 때마다 등록자본
을 12만 달러씩 증가해야 합니다.

◩ 외상투자 독자선무회사 경영범위

외상투자 독자선무회사는 허가 받은 범위 내에서 그의 모회사(외
국투자자)가 소유하고 있거나 경영하는 선박을 위해 다음과 같은
업무를 전부 혹은 부분적으로 경영할 수 있습니다. 영업(주문을
맡기), 선하증권발행, 운임결산과 서비스계약 체결 등입니다.

◩ 외상투자 독자선무회사 분회사 설립 조건

외상투자 독자선무회사는 업무 수요에 따라 다른 항구도시에 분

회사 설립을 신청할 수 있는데 아래 조건을 만족해야 합니다.

① 독자선무회사 등록자본을 전부 납입했으며, 개업한 지 1년 이상이어야 함.

② 독자선무회사의 모회사(외국투자자)의 라이너선박(공동선박파견, 선복 상호교환, 연합경영 등 합작방식)은 이미 분회사를 설립하려는 지역의 항구를 이용하고 있어야 함.

③ 독자선무회사 모회사가 분회사를 설립하려는 도시에 중국 교통부 허가를 받아 상주대표기구를 설립한 지 1년 이상이 되어야 함.

④ 독자선무회사 및 그 모회사의 중국에서의 경영활동에 연속 1년간 중국의 법률과 행정법규, 규장제도를 위반하는 행위가 없어야 함.

법적근거

| 외상독자 선무회사 심사비준관리 잠행방법 |

外商獨資船務公司司審批管理暫行方法

· **정부부문** : 대외무역경제합작부, 교통부

· **발표일자** : 2000년 1월 28일

· **시행일자** : 2000년 1월 28일

| 국제화물 운송대리업 | 국제화물 운송 사업이 가능할까요

중국에 한국과 중국간의 화물운송을 대리하는 회사를 만드는 것이 가능한가요? 어떤 조건을 만족해야 하는가요?

Answer

◪ 외상투자 국제화물운송 대리기업 투자형태

외상투자 국제화물운송 대리기업이란 외국투자자와 중국투자자가 중외합자 / 합작의 형식 혹은 외국투자자 단독투자의 형식으로 설립한 수출입화물 발품인, 수취인의 위탁을 받고 위탁인의 명의 혹은 자체 명의로 위탁인을 위하여 국제화물운송 및 관련 업무를 처리하며, 서비스비용을 받는 외상투자기업을 말합니다.

단, 독자기업 설립 신청을 접수하는 시점에 대해서는 대외무역경제합작부에서 별도로 공포한다고 규정하였습니다.

◪ 투자자 조건

1... 중국투자자 가운데서 최소한 한 투자자는 국제화물운송 대리기업이나 수출입업무에 종사하는 기업 혹은 관련 교통운송 혹은 창고저장업무에 종사하는 기업이어야 하며, 위 조건을 만족하

는 중국투자자는 중국투자자들 가운데서 가장 많은 지분을 차지
해야 합니다.

2... 외국투자자가운데서 최소한 한 투자자는 국제화물운송 대리
업무에 3년 이상 종사한 기업이며, 위 조건을 만족하는 외국투자
자는 외국투자자들 가운데서 가장 많은 지분을 차지해야 합니다.
그 외 한 외국투자자는 중국에 기존에 설립한 국제화물운송 대리
기업이 2년이 되지 않으면, 두 번째 국제화물운송대리기업을 설
립할 수 없습니다.

3... 중외투자자는 설립 신청 전 3년 동안 업종규정을 위반하는
행위가 없어야 합니다.

↘ 외상투자 국제화물운송 대리기업 등록자본금과 지분비율

외상투자 국제화물운송 대리기업 최저 등록자본금은 100만 달
러, 분회사를 증설할 경우 매 하나의 분회사에 12만 달러씩 증가
해야 합니다. 중외합자 / 합작의 경우 중국측이 차지하는 지분은
25% 이상이어야 합니다.

↘ 외상투자 국제화물운송 대리기업 경영범위

　① 선박 / 선부 등 예약, 탁송, 창고저장, 포장

　② 화물을 싣고 내리는 것을 감독, 컨테이너 조합 / 분리, 분
　　 배, 중계 및 관련 단거리운송서비스

③ 세관신고, 검사신고, 보험대리 등

④ 관련 증빙을 발행, 운임지급, 결산 및 기타 비용 지급

⑤ 국제전시품, 개인물품 및 국경을 지나는 화물운송대리

⑥ 국제복합운송 (컨테이너조합 포함)

⑦ 국제속달업무(개인편지와 현급 이상 당과 정부기관의 공
　문은 제외)

⑧ 자문 및 기타 국제 화물운송대리 업무

◪ 외상투자 국제화물운송 대리기업 분회사 설립 제한

외상투자 국제화물운송 대리기업은 정식으로 개업해서부터 1년
이 지나고, 동시에 모든 투자자들의 출자가 전부 완료되면 중국
의 기타 지방에 분회사 설립을 신청할 수 있습니다.

◪ WTO 가입시 중국에서 한 약속

WTO 가입 후 연속 3년 이상 위 업무 경험이 있는 외국화물운송
대리회사에서 중국 합자화물운송대리기업을 설립하는데 동의하
며 외자비율은 50%를 초과하지 않습니다. 가입 1년 뒤에 외국투
자자가 다수 지분을 차지하는 것을 허가합니다. 가입 4년 뒤에
외국투자자가 독자자회사를 설립하는 것을 허가합니다. 합자기
업의 최저 등록자본은 100만 달러이며, 가입 4년 뒤에 국민대우
를 줍니다.

자본금이 모두 납입된 조건하에 설립 1년 뒤에 지사를 설립할 수 있습니다. 지사 하나를 증설할 때마다 12만 달러의 자본금을 증가해야 하며, 가입 2년 뒤에 위 액외 자본금은 국민대우 기초 위에 납입해야 한다는 등 입니다. 위 화물운송대리 서비스는 화물검사를 포함하지 않습니다.

◪ 부분 종류 외상투자 개방일정

1... 정기, 비정기 국제해상운송업무 : 외자비율이 49%를 초과하지 못합니다.

2... 국제컨테이너 multimodal transport : 2002년 12월 11일 전에 외국인이 다수 지분을 점하는 것을 허가하며, 2004년 12월 11일 전에 외국인 단독투자를 허가합니다.

법적근거

| 외상투자 국제화물운송 대리기업 관리방법 |

外商投資國際貨物運輸代理企業管理辦法

· 정부부문 : 대외무역경제합작부

· 발표일자 : 2002년 12월 11일

· 시행일자 : 2003년 1월 11일

| 철도운송업 | 철도운송 합자회사를 만들려고 합니다

중국에 외국인이 철도를 이용하여 물품을 운송하는 회사를 설립할 수 있는가요? 어떤 조건들을 만족해야 하는지요?

Answer

☑ 외상투자 철도화물 운송기업 투자형태와 투자자 조건

외국투자자는 중국투자자와의 합자 혹은 합작의 방식으로 중국에 외상투자 철도화물 운송기업을 설립할 수 있으며 단독투자 방식은 안 됩니다. 외국투자자들 가운데서 중요한 투자자는 화물운송 업무를 10년 이상 경영한 화물운송회사인 동시에 비교적 큰 자금력과 양호한 경영실적이 있어야 합니다. 중국투자자들 가운데서 중요한 투자자는 화물운송 업무를 10년 이상 경영한 철도운송기업이어야 합니다.

☑ 외상투자 철도화물 운송기업 등록자본금과 지분비율

외상투자 철도화물운송기업 최저자본금은 2,500만 달러이며, WTO 가입 후 3년 동안은 중국측의 지분비율이 51% 이상이어야 합니다.

⬐ 외상투자 철도화물 운송기업 경영범위

① 자체 소유 및 임대한 차량과 기타 운송도구를 이용하고, 기타 철도운송기업의 기관차, 역전시설과 철도통과능력(권리)를 임대하여, 철도화물 운송업무를 경영함.

② 자체 소유나 임대한 차량과 기타 운송도구를 이용하고, 기타 철도운송업체의 역전시설과 철도통과 능력을 임대하여 철도화물 업무를 경영함.

③ 자체 소유의 기관차와 기타 운송도구를 이용, 철도지선, 끝선과 역전시설을 출자해 건설하거나 구매하는 방법으로 자체 소유 철도 혹은 기타 철도운송 기업의 철도에서 철도화물운송 업무를 경영함.

⬐ 외상투자 개방일정

외국인 투자를 허가하나 외자비율이 49%를 초과하지 못하며, 2004년 12월 11일 전에 외국인이 다수 지분을 점하는 것을 허가하고, 2007년 12월 11일 전에 외국인의 단독투자를 허가합니다.

법적근거

| 외상투자 철도화물 운송기업 심사허가와 관리잠행 방법 |

外商投資鐵路貨物運輸企業審批和管理暫行辦法

· 정부부문 : 철도부, 대외무역경제합작부

· 발표일자 : 2000년 8월 29일

· 시행일자 : 2000년 8월 29일

| **도로운송업** | 도로운송 사업을 하려면 어떻게 해야 하는지요

중국에 외국인이 도로를 이용하여 물품을 운송하는 회사를 설립할 수 있는지요? 가능하다면 어떤 조건들을 만족해야 하는지요?

A |n|s|w|e|r|

↘ 외상투자 도로운송기업 투자형태와 경영범위

여기서 말하는 도로운송은 도로승객운송, 도로화물운송, 도로화물운반, 싣고 내리기, 도로화물창고 저장과 기타 도로운송과 관련 보조 서비스 및 차량 수리를 말합니다.

↘ 투자형태

① 도로승객운송은 중외합자 형식

② 도로화물운송, 도로화물운반, 싣고 내리기, 도로화물창고 저장과 기타 도로운송과 관련 보조 서비스 및 차량 수리는 중외합자합작의 형식

③ 단독투자 형식의 도로화물운송, 도로화물운반, 도로화물창고 저장과 기타 도로운송과 관련 보조 서비스 및 차량 수리

업의 개방시간은 대외무역경제 합작부와 교통부에서 별도
로 공포

☒ 외상투자 도로승객 운송기업 투자자조건과 지분비율

외상투자 도로승객 운송기업을 설립할 경우 중요 투자자 가운데
서 최소한 한 투자자는 중국에서 5년 이상 도로승객운송업에 종
사한 기업이어야 하고, 외국투자자 지분비율이 49%를 초과하지
못합니다.

☒ 외상투자 도로화물운송 개방일정

2002년 12월 11일 전에 외국인이 다수 지분을 차지하는 것을 허가
하며, 2004년 12월 11일 전에 외국인의 단독투자를 허가합니다.

법적근거
| 외상투자철도 운송기업 관리규정 | 外商投資道路運輸企業管理規定
· 정부부문 : 철도부, 대외무역경제합작부
· 발표일자 : 2001년 11월 20일
· 시행일자 : 2001년 11월 20일

| **증권업** | 중국 증권업에 진출하려고 할 때 자격과 적절한 시기는

외국회사가 어떤 방식으로 중국의 증권업에 진출할 수 있는지요? 어떤

요구조건이 있는지요?

Answer

 외자지분참여 증권회사 투자형태와 주주 조건

외자(외국자본)지분참여 증권회사는 외국인 주주가 중국내 증권

회사의 지분을 양도 받거나 매입하여 변경된 증권회사 혹은 외국

인 주주와 중국내 주주가 공동으로 출자하여 설립한 증권회사를

말합니다.

이러한 외자지분참여 증권회사의 조직 형식은 유한책임회사입

니다.

주주조건

1... 외국주주는 아래 조건으로 만족해야 합니다.

① 외국주주 소속국은 증권법률과 감독관리제도가 완벽해야

하고, 소속국 증권감독관리기구는 이미 중국증권감독관리

위원회(이하 ‘증감회’ 라 약칭)와 증권감독관리에 대한 양

해각서를 체결했으며, 유효한 감독관리합작관계를 유지하고 있어야 한다.

② 외국주주는 소속국에서 합법적인 증권경영 자격을 취득했으며, 금융업무 경영기간이 10년 이상이어야 하고, 최근 3년 동안 증권감독관리기구와 사법기관의 중대한 처벌을 받은 적이 없어야 한다.

③ 외국주주의 최근 3년의 각종 리스크 감시제어지표가 소속국 법률 규정과 증권감독관리기구의 요구에 부합되어야 한다.

④ 외국주주는 완벽한 내부 제어제도를 갖추어야 한다.

⑤ 국제증권시장에서 양호한 명성과 경영실적을 있어야 한다.

⑥ 중국증감회의 기타 조건을 만족해야 한다.

2... 중국내 주주는 중국증감회가 규정한 증권회사 주주자격 조건을 갖춘 자여야 하며, 중국내 주주 가운데서 최소 하나는 내자(중국자본)증권회사여야 합니다.

단, 내자증권회사가 외자증권회사로 변경하는 경우는 이 제한을 받지 않습니다.

◪ 외자지분참여 증권회사 등록자본금, 출자방식과 지분비율

등록자본금은 〈증권법〉의 종합류 증권회사 등록자본금에 대한 요구를 만족해야 합니다.

중국내 주주는 현금과 경영에 필수적인 실물로 출자할 수 있
으며 외국주주는 자유태환화폐로 출자해야 합니다.

⬚ 지분비율

① 외국주주의 지분비율 혹은 외자지분참여 증권회사에서 차
지하는 권리와 이익 비율이 누계(직업소유와 간접소유 포
함)로 1/3을 초과하지 못한다.

② 중국내 주주 가운데 내자증권회사 중 최소한 한 회사의 지
분비율 혹은 외자지분참여 증권회사에서 차지하는 권리와
이익비율이 1/3 이상이어야 한다.

③ 내자증권회사가 외자지분참여 증권회사로 변경된 후, 최
소한 한 내자주주의 지분비율이 1/3 이상이어야 한다.

⬚ 외자지분참여 증권회사 경영범위

① 주식(인민폐보통주, 외자주 포함)과 채권(정부채권, 회사채
권 포함)의 판매(underwrite)

② 외자주브로커

③ 채권(정부채권, 회사채권 포함) 브로커와 자체경영

④ 중국증감회사에서 허가한 기타 업무

상기 '외자주' 는 중국 내에서 상장한 외자주(B주)와 중국 외
에서 상장한 외자를 말합니다.

↘ 외상투자 개방일정

2004년 12월 11일 전에 외상투자를 허가하며, 외자비율이 1/3을 초과하지 못합니다.

법적근거

| 외자지분참여 증권회사 설립규칙 | 外資參股證券公司設立規則

· 정부부문 : 중국증권감독관리위원회

· 발표일자 : 2002년 6월 1일

· 시행일자 : 2002년 7월 1일

| 전신업 | 이동통신 부가가치서비스 회사를 차리려고 하는데요

중국에서 이동통신 부가가치서비스 회사를 만들려고 계획하고 있습니다. 중국은 이 분야에 대한 규제가 심하다고 들었는데 어떤 조건을 만족해야 하나요? 그리고 WTO 가입 후 규제가 완화되라 생각되는데 그 일정과 개방폭에 대해 알려주세요.

A 외상투자 전신기업 투자형태와 투자자 조건

외상투자 전신기업은 외국투자자와 중국투자자가 합자형식으로 중국내에 설립한 전신업무를 경영하는 기업을 말합니다.

1... 기초전신업무를 경영하는 외상투자 전신기업의 조건은 다음과 같습니다.

① 외국투자자 가운데 '중요한 투자자' 는 기업법인이고 등록한 국가 혹은 지역에서 기초전신업무 경영허가증을 취득한 자여야 하며, 필요한 자금과 전문인력이 있어야 하는 동시에 기초전신업무 운영경험과 양호한 실적이 있어야 한다. 여기서 말하는 '중요한 투자자' 는 전체 외국투자자들 가운

데서 출자금액이 가장 많을 뿐만 아니라 외국투자자 출자 총금액의 30% 이상을 차지한 투자자를 말한다.

② 중국투자자 가운데 '중요한 투자자' 는 적법하게 설립된 회사로서 필요한 자금과 전문인력이 있어야 하며, 국무원 신식산업(주 : 정보통신)주관 부문에서 규정한 특정 업종 요구에 부합되어야 한다. 여기서 말하는 '중요한 투자자' 는 전체 중국투자자들 가운데서 출자금액이 가장 많을 뿐만 아니라 중국투자자 출자 총금액의 30% 이상을 차지한 투자자를 말한다.

2... 부가가치 전신업무를 경영하는 외상투자 전신기업의 외국측의 '중요한 투자자' 는 부가가치 전신업무 운영경험과 양호한 실적이 있어야 합니다.

기초전신업무는 공중망인프라, 공중데이터 전송과 기본음성 통신서비스를 제공하는 업무를 말하며, 부가가치 전신업무는 공중망인프라를 이용하여 전신과 정보서비스를 제공하는 업무를 말합니다.

◪ 외상투자 전신기업 등록자본금과 지분비율

〈등록자본금〉

1... 전국 혹은 여러 개 성, 자치구, 직할시 범위에서 기초전신업무

를 경영할 경우, 등록자본금은 20억 원 인민폐 이상이어야 하며, 부가가치서비스의 경우는 1,000만 원 인민폐 이상이어야 합니다.

2... 한 개 성, 자치구, 직할시 내에서 기초전신업무를 경영할 경우 등록자본금은 2억 원 인민폐 이상이어야 하고, 부가가치서비스의 경우는 100만 원 인민폐 이상이어야 합니다.

〈지분비율〉

기초전신(무선호출업무 제외)의 경우 외국투자자의 출자비율이 최종적으로 49%를 넘지 못하고, 부가가치서비스(기초전신 가운데 무선호출 업무 포함)의 경우 외국투자자의 출자비율이 최종적으로 50%를 넘지 못합니다.

그 외 중국투자자와 외국투자자의 출자비율 조절(즉, 개방일정)은 국무원 신식산업 주관부문에서 관련 규정에 따라 확정한다고 규정하였습니다.

◪ 외상투자 전신기업 경영범위와 지역제한

외상투자 전신기업은 기초전신업무, 부가가치 전신업무를 경영할 수 있는데 구체적인 업무 분류는 〈중화인민공화국 전신조례〉 규정대로 집행하며, 지역 범위는 국무원 신식산업 주관부문에서 관련 규정(WTO 개방 일정)에 따라 확정합니다.

☒ 외상투자 개방일정

1... 부가가치전신, 기초전신 중 호출서비스 : 2001년 12월 11일 부터 외상투자를 허가했는데 외자비율이 30%를 초과하지 않도록 했고, 2002년 12월 11일 전에 49%까지 허가했으며, 2003년 12월 11일 전에 50%까지 허가했습니다.

2... 기초전신 중 이동음성과 데이터서비스 : 2001년 12월 11일 부터 외상투자를 허가했는데 외자비율이 25%를 초과하지 않도록 했고, 2002년 12월 11일 전에 35%까지 허가했으며, 2004년 12월 11일 전에 49%까지 허가했습니다.

3... 기초전신 중 국내서비스와 국제서비스 : 2004년 12월 11일 부터 외상투자를 허가하는데 외자비율이 25%를 초과하지 못하도록 했습니다. 2006년 12월 11일 전에 35%까지 허가하며, 2007년 12월 11일 전에 49%까지 허가합니다.

법적근거

| 외상투자 전신기업 관리규정 | 外商投資電信企業管理규定
· 정부부문 : 국무원
· 발표일자 : 2001년 12월 11일
· 시행일자 : 2002년 1월 1일

| 중화인민공화국 전신조례 | 中華人民共和國電信條例
· 정부부문 : 국무원
· 발표일자 : 2000년 9월 25일
· 시행일자 : 2000년 9월 25일

| 회계사사무소 | 회계사사무소도 합자방식이어야 합니까

외국회계사사무소가 중국에 회계사사무소를 세울 수 있나요? 어떤 조
건이 있나요?

 **외상투자 회계사사무소 투자형태와 투자자 조건**

외상투자 회계사사무소는 국제회계사사무소 혹은 외국회계사사
무소가 중국경 내의 회계사사무소 합작하여 중국에 설립한 회계
사무소를 말하는데, 외상투자 회계사사무소는 중국 회계사무소
와의 합작 형태만 가능하며 외국측의 단독투자 형태는 안 됩니다.

투자자는 외국측과 중국측이 모두 회계사사무소여야 하는 조
건 외에 다음 조건을 만족해야 합니다.

〈외국측〉

① 선진적인 전문기술을 갖추고 신용이 양호해야 함

② 연간 수입이 2,000만 달러 이상어야 함

③ 회계감사 전문인력이 200명 이상어야 함

<중국측>

① 국내 업계에서 비교적 우수한 전문수준을 갖추고 서비스 신용이 양호해야 함

② 원래 의뢰하고 있던 단위와 직능, 인력, 재무상에서 벗어나야 함

③ 증권업무에 종사할 수 있는 관련 자격을 갖추어야 함

④ 연간 수입이 1,000만 원 인민폐 이상이어야 함

⑤ 회계감사 전문인력이 100명 이상어야 함

↴ 중외합작 회계사사무소 경영범위

경영범위는 특별한 제한이 없고 중국의 회계법을 따르며, 중외합작 회계사사무소에 대한 관리면에서 아래와 같은 규정을 따릅니다.

1... 중국기업이 중국 내에서 상장하는 외자(외국자본)주에 대한 회계감사보고는 중국등록회계사(공인회계사)가 서명, 발급해야 하며, 중국 외의 판매기구(underwriting institution)에서 외국회계사가 제출한 회계감사 보고를 요구할 경우, 위 감사보고는 중국 경외에서만 유효합니다.

중국 내의 모든 회계감사업무는 합작사무소에서 통일적으로 맡고, 비용을 받고, 채산하고, 기록을 관리하며, 인력을 배치해야

합니다.

2... 중국기업이 중국경 외에서 상장하는 경우, 중국 내에서 효력을 발생하는 회계감사보고는 중국등록회계사가 서명, 발급해야 하며, 중국 외의 판매기구에서 외국회계사가 제출한 회계감사보고를 요구할 경우, 위 감사보고는 중국경 외에서만 유효합니다.

중국 경외에서 상장한 기업의 중국내의 법정회계감사 업무는 모두 합작사무소에서 통일적으로 맡고, 비용을 받고, 채산하고, 기록을 관리하며, 인력을 배치해야 합니다.

⬃ 중외합작 회계사사무소 지사 설립 제한

중외합작 회계사사무소 지사는 합작사무소 본부가 소속한 성급 행정지역(자치구, 직할시 등) 이외의 기타 성급 행정지역에 설립한 지사를 말하는데 지사를 설립하려면 아래 조건을 만족해야 합니다.

1... 본부(중외합작 회계사사무소)의 동사회가 정상적으로 운영되고 있고, 중국측과 외국측 총경리가 제대로 직책을 수행하고 있으며, 중국의 매니저급 전문인력이 전체 매니저급 인력 가운데의 50%에 달해야 합니다. 또 본부의 최근 3년의 재무회계업무가 관련 법규정에 부합되어야 하며, 최근 3년간 위법 행위가 없어야 합니다.

2... 지사에 10명 이상의 중국의 근무연령규정에 부합되는 중국 측 전문인력이 있어야 하며, 그 가운데 최소한 5명은 중국등록회계사여야 하고, 필요한 운영자금과 고정적인 사무장소가 있어야 합니다. 회계, 회계감사에 대한 외상투자 개방일정 합작, 파트너십에 한합니다.

법적근거

| 중외합작 회계사사무소 관리잠행방법 | 中外合作會計師事務所管理暫行辦法

· 정부부문 : 재정부

· 발표일자 : 1996년 3월 28일

· 시행일자 : 1996년 3월 28일

|애완동물 미장원/동물병원| 애완동물 관련 사업전망은 어떤지요

북경에서 애완견 미장원이나 애완견 병원을 운영하려면 어떤 특별한 제한이 있는지요? 외국인이 북경에서 수의사를 할 수 있나요?

A|n|s|w|e|r|
애완동물 미장원은 서비스업에 속하며 특별한 제한이 없습니다.

동물의 병을 보는 병원은 북경시의 경우 동물병원과 동물진료소로 나누는데 총칭하여 동물진료기구라고 합니다. 동물진료기구를 설립하려면 대외경제무역부문의 허가와 현지 농업관리부문의 이중 허가를 받은 뒤에 공상행정관리부문에 설립 등기를 하면 됩니다. 북경시의 경우 현재 60개 좌우의 동물진료기구가 있는데 모두 중국인이 세운 것이며, 외국인이 설립한 경우는 아직 없습니다.

농업관리부문의 실질적인 심사, 승인 절차는 다음과 같습니다.

1... 접수

정부부문 : 북경시 목축수의총참(北京市畜牧獸醫總站) 약정과

〈신청조건〉

① 동물진료기구 설립 서면 신청서

② 동물진료기구 법정대표인 신분증 복사본

③ 동물진료기구 방향도와 실내 평면도

④ 설립하게 될 동물진료기구에서 초빙한 수의(수의진료자격
증 소지 혹은 수의진료자격 인증조건 구비) 및 관련 기술인
원의 신분증 복사본, 학력증명 복사본과 직명증명 복사본

소요일 : 1일(근무일)

2... 현지조사

정부부문 : 북경시 목축수의총참 약정과 표준

① 동물진료기구를 설립하게 될 장소가 관련 규정에 부합되
어야 하는데, 동물병원 사용면적은 120평방미터 이상이 되
어야 야 하고 동물진료소 사용면적은 40평방미터 이상이
어야 한다.

② 동물병원은 8개 과실(科室)을 갖추어야 하고, 3명 이상의
등록 수의사와 3명 이상 간호기술인원이 있어야 한다.

③ 동물진료소는 6개 과실(科室)을 갖추어야 하고, 2명 이상의

등록 수의사와 2명 이상 간호기술인원이 있어야 한다.

④ 설립하게 될 동물진료기구는 상응한 의료기계와 설비가 있어야 하며, 폐수, 폐물과 병으로 죽은 동물에 대해 무해 처리시설을 갖추어야 한다.

⑤ 설립하게 될 동물진료기구는 진료기록, 처방, 수약(獸藥) 출입등기 및 소독방역제도를 포함한 동물진료업무 제도가 완벽해야 한다.

소요일 : 14일 이내 (근무일)

3... 심사

신청조건이 완비되어야 하며 상기 현지조사 두 번째, 세 번째, 네 번째 조건에 대해 심사한다.

심사부문 : 북경시 목축수의총참 주관 참장

소요일 : 5일 이내 (근무일)

4... 심사결정

북경시 농업국에서 심사 결정하며 심사 기준은 위 3의 심사표준과 마찬가지이고 3일 (근무일) 내에 심사를 완료한다.

5... 북경시 목축수의총참에서 신청자에게 신청결과를 통지하는 데 1일 (근무일) 내에 완성한다.

수의사 근무자격은 북경시 농업국에서 통일적으로 인증하고 관리하는데 구체적인 업무는 북경시 목축수의총참에 위탁하여 처리 합니다.

〈북경시 동물진료 및 수의 집업(주 : 특정 업종에 종사)조건〉 중 한 가지에 부합(구체 내용 아래 참조)되는 사람은 북경시 목축수의총첨의 심사를 받은 뒤에 동기구에서 조직하는 교육과 집업수의 자격고시에 참가하며, 위 고시에 합격되면 정식 집업을 신청할 수 있습니다. 북경에는 현재 근 300명의 수의사가 있는데 모두 중국인이나 국민대우를 실시하기에 사실상 외국인도 가능합니다.

〈집업 수의 기본 조건〉

① 조리 수의사 이상 직명 소지한 자

② 수의전공 대학학부 이상 학력을 소지하고 수의사를 보조하여 동물진료 업무에 1년 이상 종사한 자

③ 수의전공 전문대 학력을 소지하고 수의사를 보조하여 동물진료 업무에 3년 이상 종사한 자

④ 수의전공 중전(전문대 이하 학력)학력을 소지하고 수의사를 보조하여 동물진료 업무에 4년 이상 종사한 자

⑤ 수의 과정을 자습하여 성급 이상 목축수의 행정주관부문 혹은 동기관에서 인정한 업체에서 3년 이상의 수의전공 훈

련을 받고 훈련합격증서를 취득하였으며 동시에 수의사를

보조하여 동물진료 업무에 5년 이상 종사한 자

법적근거

| 중화인민공화국 동물방역법 | 中華人民共和國 動物防疫法

· 정부부문 : 전국인민대표대회 상무위원회

· 발표일자 : 1998년 1월 1일

· 시행일자 : 1998년 1월 1일

| 북경시 동물진료 및 수의집업 조건 | 北京市動物診療及獸醫執業條件

| 부동산컨설팅 / 임대업 | 중국에서 부동산임대업은 불가능하다고 하던데요

1. [중개] 중국에서 외국기업이 부동산중개업을 할 수 있는지요?

2. [임대] 중국에서 집을 구입해서 임대업(회사)을 하고 싶습니다. 그 임대업신청은 어떻게 해야 하며 외국인으로서 가능한지 알고 싶습니다. 또 투자금액에 대한 제한은 없는지, 임대업으로 생성되는 이익금에 대해서 한국으로 송금하는 문제는 없는지도 궁금합니다.

   임대회사가 불가능하다면 개인적으로 아파트를 구매해서 임대하는 것은 가능한지요?

Answer

A 1... 부동산 중개서비스란 부동산자문, 부동산가격평가, 부동산 브로커(經紀/ real estate brokerage) 등 활동에 대한 총칭입니다. 여기서 부동산자문이란 부동산 활동 당사자한테 법률 법규, 정책, 정보, 기술 등 방면의 서비스를 제공하는 경영활동을 말합니다.

부동산 가격평가란 부동산에 대해 측량 계산하여 경제가치와 가격을 평가하는 경영활동을 말하며, 부동산 브로커란 위탁인에게 부동산정보와 거간대리업무를 제공하는 경영활동을 말합니다.

여기서 외국인이 투자가능한 분야는 부동산 브로커(회사명칭에는 '중개' 라는 표현을 쓸 수 없음)이고 부동산자문도 사실상 가능하며, 그 일반적인 설립 조건은 아래와 같습니다.

① 자체 명칭, 조직기구가 있어야 함

② 고정적인 서비스 장소가 있어야 함

③ 규정 수량의 재산과 경비가 있어야 함

④ 부동산 자문업무에 종사할 경우 부동산 및 관련 전공의 중등 이상 학력, 초급 이상 전문 기술직명을 가진 인원이 총 인원수의 50% 이상이어야 하고, 부동산 브로커 업무의 경우 규정 수량의 부동산 브로커가 있어야 함

부동산 브로커는 자격시험에 합격하고 등록하여 부동산 브로커 자격증을 소지한 자를 말합니다. 부동산 브로커 자격증을 취득하지 못한 자는 부동산 브로커 업무에 종사하지 못한다고 법에 규정하였습니다.

2... 부동산 임대업의 경우 북경시로 예를 들면 외상(外商)이 자체 소유의 건물을 대외 임대하려면 법대로 국가자원과 방옥관리국에 건물임대허가증을 신청해야 하며, 임차인과 임대계약을 체결한 후 제때에 북경시 국토자원과 방옥관리국에 임대등기 수속을 해야 합니다.

그리고 외상은 중국경 내의 기업, 기타 조직 혹은 개인한테 자

체 개발한 부동산에 한해 매각하거나 임대할 수 있습니다.

　　그러므로 자체 개발하여 아파트를 건설하지 않고 단지 임대만을 목적으로 하여 회사를 설립하고, 그 회사명으로 아파트를 수십 채 구입하거나 임대한 뒤 임대 내지 재임대하는 사업은 법상 허용되지 않습니다.

3... 외국인 개인이 아파트를 구매해서 임대하는 것은 가능합니다.

법적근거

| 외상투자산업 지도목록 및 그 부속문건 | 外商投資産業指導目錄

· 정부부문 : 국가발전계획위원회, 국가경제무역위원회, 대외무역경제합작부
· 통과일자 : 2002년 3월 4일
· 시행일자 : 2002년 4월 1일

| 도시부동산 중개서비스 관리규정 | 城市房地産中介服務管理規定

· 정부부문 : 건설부
· 통과일자 : 1991년 1월 8일
· 시행일자 : 2001년 8월 15일

| **금융업** | 어떤 형태의 은행을 설립할 수 있을까요

외국은행 중국에 어떤 형태의 은행을 설립할 수 있으며, 어떤 업무를 취급할 수 있나요?

A |n|s|w|e|r|

🔖 외상투자 금융기구 투자형태와 투자자 조건

외상투자 금융기구는 중국경 내에 설립된 다음 기구를 말합니다.

① 총은행(본부)이 중국경 내에 있는 외국자본은행 ('독자은행' 이라 약칭)

② 외국은행이 중국경 내에 설치한 지점 ('외국은행지점' 이라 약칭)

③ 외국금융기구와 중국 회사, 기업이 중국경 내에서 합자경영하는 은행 ('합자은행' 이라 약칭)

④ 총회사(본부)가 중국경 내에 있는 외국자본 재무회사 ('독자재무회사' 라 약칭)

⑤ 외국의 금융기구와 중국 회사, 기업이 중국경 내에서 합자경영하는 재무회사 ('합자재무회사' 라 약칭)

⬂ 투자자 조건

1... 독자은행 혹은 독자재무회사를 설립하려면 투자자는 다음 조건이 구비되어야 합니다.

　① 투자자는 금융기구여야 한다.

　② 투자자가 중국 경내에 대표기구를 설립한 기간이 2년 이상 이어야 한다.

　③ 투자자가 설립신청을 제기하기 전해 연말 총자산이 100억 달러 이상이어야 한다.

　④ 투자자 소속국 혹은 소속지역의 금융감독관리제도가 완벽해야 하며, 투자자는 소속국 혹은 소속지역 주관 당국의 유효한 감독관리를 받고 있어야 한다.

　⑤ 투자자 소속국 혹은 소속지역의 주관 당국이 투자자의 설립신청을 동의해야 한다.

　⑥ 중국인민은행이 규정한 기타 조건

2... 외국은행지점을 설립하려면 투자자는 다음 조건이 구비되어야 합니다.

　① 투자자가 중국경 내에 대표기구를 설립한 기간이 2년 이상 이어야 한다.

　② 투자자가 설립신청을 제출하기 전해 연말 총자산이 최소한 200억 달러 이상이어야 하며, 자본충족률이 최저한 8% 이상이어야 한다.

③ 투자자 소속국 혹은 소속지역의 금융감독관리제도가 완벽
해야 하며, 투자자는 소속국 혹은 소속지역 주관 당국의 유
효한 감독관리를 받고 있어야 한다.

④ 투자자 소속국 혹은 소속지역의 주관 당국이 투자자의 설
립신청을 동의해야 한다.

⑤ 중국인민은행이 규정한 기타 조건

3... 합자은행 혹은 합자재무회사를 설립하려면 투자자는 다음
조건이 구비되어야 합니다.

① 외국투자자는 금융기구여야 한다.

② 외국투자자는 중국 경내에 대표기구가 있어야 한다.

③ 외국투자자가 설립신청을 제출하기 전해 연말총자산이 최
소한 100억 달러 이상이어야 한다.

④ 외국투자자 소속국 혹은 소속지역의 금융감독관리제도가
완벽해야 하며, 투자자는 소속국 혹은 소속지역 주관 당국
의 유효한 감독관리를 받고 있어야 한다.

⑤ 외국투자자 소속국 혹은 소속지역의 주관 당국이 설립신
청을 동의해야 한다.

⑥ 중국인민은행이 규정한 기타 조건

◪ 외상투자 금융기구 등록자본금

독자은행, 합자은행의 등록자본은 최소한 3억 원 인민폐 등가의

자유태환 화폐여야 합니다. 독자재무회사, 합자재무회사의 등록 자본은 최저한도로 2억 원 인민폐 등가의 자유태환화폐여야 하 며, 외국은행지행의 경우 총은행에서 최소한 1억 원 인민폐 등가 의 자유태환화폐를 운영자본으로 무상지급해야 합니다.

중국인민은행은 외상투자 금융기구의 업무범위와 기타 수요 에 따라 등록자본을 높이거나 운영자금의 최저금액을 높일 수 있 으며, 그 가운데의 인민폐 비율을 규정할 수 있습니다.

◪ 외상투자 금융기구 경영범위

독자은행, 외국은행지점, 합자은행은 중국인민은행의 허가한 업 무범위에서 다음 업무의 일부분 혹은 전부를 경영할 수 있습니다.

① 일반인들의 저금

② 단기, 중기, 장기 대출

③ 어음 인수와 할인

④ 정부채권, 금융채권 매매, 주식 외의 외환유가증권 매매

⑤ 신용장 서비스 및 담보 제공

⑥ 국내외 결산 처리

⑦ 외화매매, 대리매매

⑧ 외화태환 업무

⑨ 동업간 단기간 빌리는 업무

⑩ 은행카드 업무

⑪ 보관함서비스

⑫ 자산신용조사와 자문서비스

⑬ 중국인민은행에서 허가한 기타 업무

독자재무회사, 합자재무회사는 중국인민은행의 허가범위 내에서 다음 업무를 일부분 혹은 전부 경영할 수 있습니다.

① 매번 저금액이 100만 원 인민폐 혹은 등가의 자유태환화폐 이상이고, 기간이 3개월 이상인 저금

② 단기, 중기, 장기 대출

③ 어음 인수와 할인

④ 정부채권, 금융채권 매매, 주식 외의 기타 외환유가증권 매매

⑤ 담보 제공

⑥ 외화매매, 대리매매업무

⑦ 동업간 단기간 빌리는 업무

⑧ 자산신용조사와 자문서비스

⑨ 외화신탁 서비스

⑩ 중국은행에서 허가한 기타 업무

외상투자 금융기구에서 인민폐 업무를 경영하는 지역 범위와 서비스대상 범위는 중국인민은행에서 관련 규정대로 확정하며,

인민폐 업무를 경영하는 외상투자 금융기구는 다음과 같은 조건
이 구비되어야 한다.

① 신청 제출하기 전 중국경 내에서 개업한 지 3년 이상이어
야 한다.
② 신청 제출하기 전 연속 2년은 이익을 보여야 한다.
③ 중국인민은행이 규정한 기타 조건

그 중국은 WTO에서 대외에 지역과 고객제한에 대해 다음과
같은 약속을 했습니다.

지역제한 : 외환업무에 대해서는 WTO 가입 후부터 지역제한
을 취소하고, 인민폐에 대해서는 아래 시간표대로 취소하기
로 했다.

가입 후 상해, 심천, 천진과 대련을 개방 / 가입 후 1년 내에
광주, 주해, 청도, 남경과 무한 / 가입 후 2년 내에 제남, 복주,
성도와 중경 / 가입 후 3년 내에 곤명, 북경과 샤먼(廈門)을 개
방 / 가입 후 4년 내에 싼터우, 영파, 심양과 서안을 개방 / 가
입 후 5년 내에 모든 지역제한을 취소

고객제한 : 외환업무는 가입 후부터 모든 고객에게 서비스를
제공하고, 인민폐 업무는 가입 후 2년 내에 중국기업에 서비
스를 제공한다. 가입 후 5년 내에 모든 중국 고객에게 제공 가
능하도록 허가한다. 일정 지역에서 인민폐 업무 허가를 받으

면 다른 위 업무를 개방한 다른 모든 지역의 고객에게 서비스를 제공할 수 있습니다.

법적근거

| 중화인민공화국 외자금융기구 관리조례 | 中華人民共和國外資金融機構管理條例

· 정부부문 : 국무원

· 발표일자 : 2001년 12월 20일

· 시행일자 : 2002년 2월 1일

| 중화인민공화국 외자금융기구 관리조례 실시세칙 | (2002)

中華人民共和國外資金融機構管理條例實施細則

2장

Q&A

2

중국 대외경제무역위원회와 상무국

이번에 북경에 독자회사를 설립하게 됩니다. 저희 회사제품이 장려항

목에 속하는지를 확인하려고 그러는데 북경시 상무부문에 가서 확인해

야 된다고 그러네요. 그런데 이전에 저희 관련 업체는 북경시 대외경제

무역위원회에서 했다고 했습니다. 상무부문은 새로 생긴 부문인가요?

A|n|s|w|e|r|

2003년 중국 중앙정부의 원 대외무역경제합작부, 원 국가 경제무역위원회 및 원 국가계획위원회의 무역관리부문 등은 하나로 통합되어 상무부가 새로 출범했으며, 원 대외무역경제합작부의 직권도 상무부에 합병되었습니다.

지방의 대외경제무역위원회(예를 들면 북경시 대외경제무역위원회)는 모두 원 대외무역경제합작부 산하의 부문인데 대외무역경제합작부가 상무부에 합병되면서 북경을 비롯한 일부 지방에서도 상무부문을 설립하게 되었습니다. 따라서 북경시 대외경제무역위원회도 북경시 상무국으로 변경되었으며 그 직권도 북경시 상무국에서 행사하게 되었습니다.

그러나 북경시 각 구와 현의 대외경제무역위원회는 여전히 원 명칭을 쓰고 있습니다(예를 들면 조양구 대외경제무역위원회). 그러므로 지방에서 상무부문과 대외경제무역부문이 직권이 불분명하거나 교차되는 경우도 있습니다.

044

회사 설립 절차

중국에 투자를 하고 싶은데 그 방법이나 절차를 전혀 모릅니다. 어떤 절차를 거쳐야 하는지 알려주기 바랍니다.

중국에 회사를 설립하는 절차는 그 설립 동기만큼이나 다양하게 전개될 수 있으나 다음에서 말하는 것과 같이 중국정부의 비준을 받는 절차는 동일합니다. 단 중국정부에 비준 신청 서류를 접수하기 전까지는 각자의 상황에 따라 천차만별로 설립 절차가 진행되나 일반적인 경우를 가정해 답변해 보겠습니다.

1... 어떤 업종에 투자할 것인가

귀하의 경우 먼저 어떤 업종에 투자해야 하는지를 조사해 보아야 합니다.

중국은 지금 세계 최대의 시장으로 부상되었고 중국이 전체적으로는 소득수준이 우리보다 낮고 기술적으로도 뒤진 부분이 있지만 업종에 따라서는 다 그런 것도 아닙니다. 무엇보다도 중국은 세계 굴지의 기업들이 돈을 벌기 위해 경제전쟁을 벌이고 있는 곳이므로 경쟁대상을 중국, 중국인으로만 보지 말고 세계 유수의 기업들과 경쟁을 벌인다고 생각하고 중국투자를 생각해 보아야 합니다.

① **투자업종을 정하지 않았을 경우**

중국투자에 있어 어떠한 업종을 택할 것이냐는 귀하가 조사 판단해야 하는데 대한투자무역진흥공사나 무역협회 등을 통해 많은 정보를 접할 수 있을 것이고, 실제로 중국을 수십 차례 드나들며 충분한 현지 시장조사를 거친 뒤에 투자결정을 해야 할 것입니다.

② **업종을 정해 놓았을 경우**

업종을 정해 놓았다고 하면 우선 그 업종이 외국인 투자가 가능한 업종인지 혹은 단독 투자를 원한다면 귀하가 독자로 설립할 수 있는 업종인지 여부를 확인해 보아야 합니다. 이에 대해서는 중국정부에서 정해 놓은 규정이 있으므로 이를 참조해야 하는데 아래 제2항 질문을 참조하기 바랍니다.

2... 어느 지역에 회사를 설립할 것인가

위 제 1, 2항을 통해 업종을 결정했으면 중국 어느 지역에 회사나 공장을 설립할 것인가를 정해야 하는데 중국은 23개 성(대만성 포함), 성과 동등한 북경, 상해, 천진, 중경 등 4개 직할시, 5개 소수민족자치구와 홍콩, 마카오 등 2개 특별행정구로 이루어져 있습니다. 그러나 사실 각 성, 직할시, 자치구를 한 개의 나라라고 보아야 한다고 말할 정도로 각 성마다 문화와 경제규모 심지어 같은 사안을 두고 판단하는 법규정조차 다른 경우가 많으므로 설립할 지역을 수차례 들러보고 현지 사정을 잘 파악해야 하며 그곳의 규정도 확인해 보아야 합니다.

중국 해안 연안지역에 외국기업이 밀집 설립되어 있으나 중국내수 판매를 바란다면 상대적으로 경쟁이 적은 중국서부 내륙지방을 적극적으로 공략하는 것도 좋은 방안이 될 것이라고 판단됩니다.

3... 공장부지 선정

다음에는 중국 합작파트너와의 협의를 거쳐 공장부지를 확정해야 할 것입니다. 중국의 토지제도는 우리나라와는 완전히 다르므로 토지에 관한 답변을 참조하시기 바랍니다.

4... 회사의 이름을 정한다

현지 공상행정관리국에 귀하나 중국 파트너와 함께 정한 독자회사, 합자회사 이름을 사용해도 좋은지를 미리 확인해야 합니다. 이 이름을 계약서나 정관, 공장부지 계약서 등에 사용합니다.

5... 이후 정관, 계약서를 작성하고 설립 신청에 관한 제반 서류를 준비해 각 해당지역 대외경제무역위원회에 제출해 비준을 받아야 합니다.

6... 자세한 절차에 대해서는 다음 그림을 참조하기 바랍니다.

회사 설립 절차

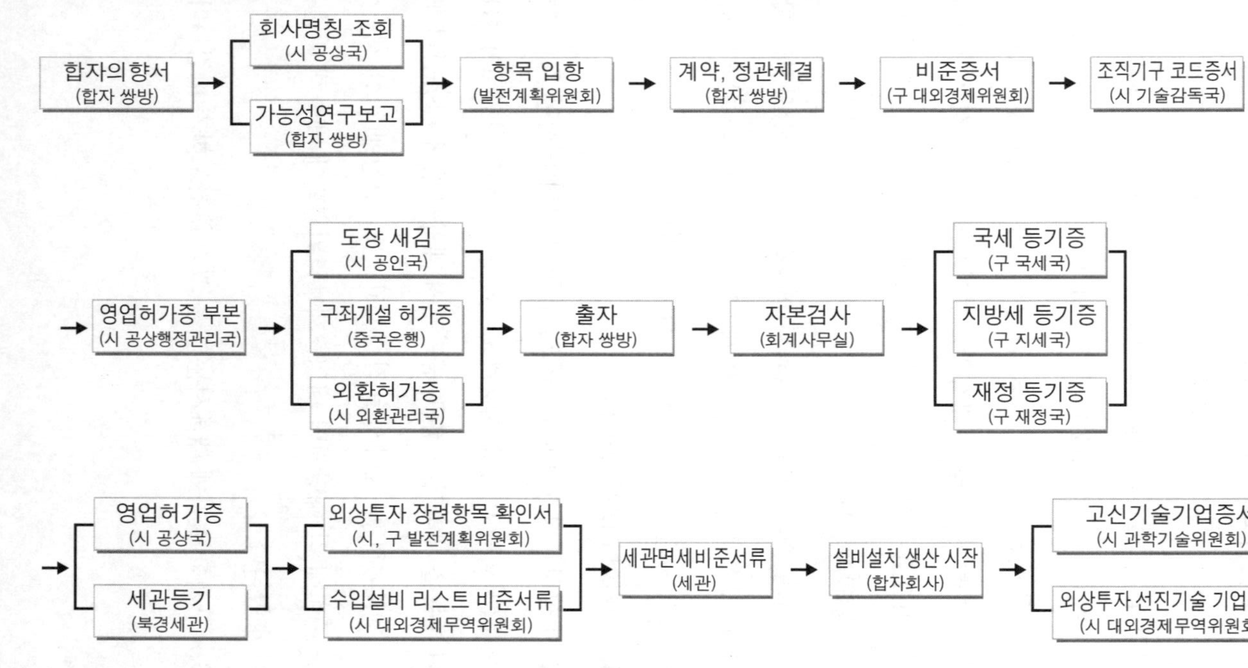

합자의향서
(합자 쌍방)
회사명칭 조회
(시 공상국)
가능성연구보고
(합자 쌍방)
항목 입항
(발전계획위원회)
계약, 정관체결
(합자 쌍방)
비준증서
(구 대외경제위원회)
조직기구 코드증서
(시 기술감독국)
영업허가증 부본
(시 공상행정관리국)
도장 새김
(시 공인국)
구좌개설 허가증
(중국은행)
외환허가증
(시 외환관리국)
출자
(합자 쌍방)
자본검사
(회계사무실)
국세 등기증
(구 국세국)
지방세 등기증
(구 지세국)
재정 등기증
(구 재정국)
영업허가증
(시 공상국)
세관등기
(북경세관)
외상투자 장려항목 확인서
(시, 구 발전계획위원회)
수입설비 리스트 비준서류
(시 대외경제무역위원회)
세관면세비준서류
(세관)
설비설치 생산 시작
(합자회사)
고신기술기업증서
(시 과학기술위원회)
외상투자 선진기술 기업증서
(시 대외경제무역위원회)
북경시 경우

Q 독자회사 설립 가능

저희 회사는 휴대폰 모바일 콘텐츠 서비스 업체입니다. 중국에서 위 콘텐츠 서비스 사업을 하고 싶은데 저희 회사가 중국에서 독자적으로 위 사업을 할 수 있는지요.

A 중국에서 귀사의 업종과 같은 통신부가서비스 사업은 독자로 회사를 설립해 영업을 할 수 없고 반드시 중국회사와 합자해 사업을 해야 합니다.

합자를 하더라도 어떤 부분은 외국회사가 일정 한도의 지분 이상을 차지하지 못하도록 규정하고 있는 것도 있습니다. 통신업종에 대한 대략적인 규제는 아래와 같으며 매년 개방의 폭이 넓어지고 있습니다.

① 부가통신, 기초통신사업 중 호출서비스

· 2001년 12월 11일부터 외상투자를 허가하지만 현재는 외자비율이 50%에 달할 수 있음.

② 기초통신업 중 음성 및 정보서비스

· 2001년 12월 11일부터 외상투자허가, 2004년 12월 11일까
  지 외상투자 49% 허가.

· 2006년 12월 11일 이전에 외국측의 독자투자 허가.

③ 기초통신업 중 국내 국제업무

· 2004년 12월 11일 이전에 외상투자를 허가하지만 외자 비
  율이 25%를 초과할 수 없음.

· 2006년 12월 11일까지 외자비율이 35%를 달하도록 허가함.

· 2007년 12월 11일 이전에 외자비율이 49%에 달하도록 허가함.

사업에 대해서는 독자회사 설립이 가능하느냐의 문제는 중국
정부에서 정한 규정에 따라야 하는데 이 규정의 내용은 다음 소
절의 내용과 같습니다. 그러나 각 지방에 따라서는 이 규정에 맞
지 않게 완화해 설립비준을 내어주기도 하므로 결국 각 지방 대
외경제무역위원회로부터 직접 확인하는 것이 좋습니다.

다음 규정 중 방송, 영화사 설립 등 일부 업종에 대해서는 지
금도 계속 개방이 진행되고 있기도 합니다.

◪ 합작, 합자로만 투자 가능한 업종

3. 11. 중화인민공화국 국가발전계획위원회, 국가경제무역위원
회, 대외무역경제합작부가 발표한 〈외상투자산업 지도목록〉 참
조 (**** 표시는 중국측 지분이 절대적 다수여야 하는 업종)

■ 합작 / 합자로만 투자 가능한 업종

- 중약재 재배, 양식
- 저품질, 선광과 제련이 어려운 금광 채굴, 선광 (서부지역은 독자 가능)
- 동, 아연 광산개발, 채광 (서부지역은 독자 가능)
- 알루미늄광산 탐사, 채굴 (서부지역은 독자 가능)
- 제지업의 부분 종목
- 연간 60만 톤 이상의 에틸렌을 생산 (중국측이 상대적 다수 지분)
- 저품질, 선광과 제련이 어려운 금광 제련 (서부지역은 독자 가능)
- 민용비행기 설계, 제조 ****
- 민용헬리콥터 설계, 제조 ****
- 항공기 발전기 설계, 제조 ****
- 특수선, 고성능 선박 수리, 계설, 제조(중국측이 상대적 다수 지분)
- 화력발전, 수력발전, 핵발전 기계, 기재 제조 - 발전용량과 유관
- 민용위성 설계, 제조 ****
- 민용위성 유효 부하 제조****
- 민용 운반 로켓 설계와 제조****
- 위성 유도위치 확정 접수설비 및 관건 부품제조
- 공중교통관제 계통설비 제조
- 핵발전소 건설, 경영 ****
- 종합수리중추의 건설, 경영 (중국측이 상대적 다수 지분)
- 철도간선망의 건설, 경영 ****
- 지방철로, 지선철로 등 건설, 경영
- 민용비행장 건설, 경영(중국측이 상대적 다수 지분)
- 항공운수회사 ****
- 농림어업 통용 항공회사
- 도시지하철 및 도시철도 건설, 경영 ****
- 고등교육 기구(여기에서 WTO가입 시 중국이 한 약속에 따라 부분적인 업종은 일정한 기간
  이 지나면 독자를 허가하거나 외국측이 절대적 혹은 상대적 다수 지분을 차지하는 것을 허가)

■ 투자금지 종목

· 농업, 임업, 목축업, 어업 및 관련공업
· 중국의 희귀하고 진기한 우량품종(목축업, 수산업, 재배업의 우량 유전자 포함)
· 유전자 변이식물 종자생산, 개발
· 중국 관할해역 및 내륙수역의 수산품 어획
· 채굴업
· 방사성광산의 탐사, 채굴, 선광
· 의토 탐사, 채굴, 선광
· 제조업
· 식품가공업
· 중국 전통공예의 녹차 및 특종차가공(명차, 흑차등)
· 의약제조업
· 중국정부가 보호하는 한약재(사향, 감초 황마초 등)
· 전통적인 음용 한약재 연재기술의 응용 및 비방 한약산품의 생산
· 유색금속제련 및 압연가공업
· 방사성광산의 제련, 가공
· 무기탄약제조업
· 기타 제조업
· 상아조각
· 호랑이뼈가공
· 탈태 칠기
· 법랑제품생산
· 선지, 먹 생산
· 암, 기형, 돌연변이를 유발하는 제품과 지구성 유기오염물제품의 생산
· 전력, 가스 및 물의 생산과 공급업
· 송전망의 건설, 경영
· 교통운송, 창고저장 및 체신통신업

· 항공교통관제회사

· 우체회사

· 금융, 보험업

· 선물회사

· 사회봉사업

· 중국에서 보호하는 야생동식물자원개발

· 동식물자연보호구의 건설, 경영

· 도박업(도박유 경마장포함)

· 음란서비스

· 교육, 문화예술 및 방송, 영화, TV업

· 기초교육(의무교육)기구

· 도서, 신문, 잡지의 출판, 총발행 및 수출입업무

· 녹음녹화제품과 전자출판물의 출판, 제작 총발행과 수출입업무

· 신문기구

· 각급 방송국(소), TV국(소), 국(소), 방송 TV 전송피복망 (발사국, 중계방송국, 방송 TV위성, 위성상행소, 위성접수중계소, 마이크 로위이브소, 감시측량국, 유선방송, TV전송피복망)

· 방송 TV 프로그램 제작, 출판, 발행 및 방영회사

· 영화제작, 발행회사

· 비디오 방영회사

· 기타 업종

· 군사시설의 안전과 사용효율에 해를 끼치는 사업

· 중국정부 규정 및 중국이 체결 또는 가입하고 있는 국제조약에서 금지된 기타산업

투자방식 신설 /지분인수

저는 소규모의 회사를 운영하고 있는 중소기업인입니다. 최근 사업다각화의 한 방편으로 중국 현지법인에 지분인수 방식으로 투자를 고려하고 있습니다. 투자금액은 약 20만 달러 내외로 추정하고 있습니다. 그리고 추진하고 있는 사업은 중국 현지파트너와 합작으로 학원사업을 하려고 합니다.

1. 꼭 합작 또는 합자 형태로 새롭게 법인을 설립해야 하는지요?

2. 기설립 되어 있는 현지법인에 지분인수 방식을 통합 투자방법은 가능한지요?

3. 지분인수 방법으로 투자한다면 어떠한 절차로 추진해야 하는지요?

귀사의 경우 지분인수 방식을 취하면 되며 신설할 필요가 없습니다.

지분인수시에는 인수하려고 하는 중국측 회사의 지분을 어느 정도로 평가할 것인지를 결정해야 합니다. 금액이 결정된다면 다음과 같은 서류를 갖추어 대외경제무역위원회에 접수 신청한 후 지분인수를 허가 받고 공상부문에 등기 변경을 하면 됩니다.

① 기업신청서(지분인수에 대한 기업신청서)

② 동사회 의결서 – 지분을 양도하는데 대한 중국회사의 동
　사회 의결서임

③ 계약서, 정관수정 협의서 – 기존의 계약서나 정관상 지분
　출자자나 동사 등이 변경되므로 이에 대한 협의서임.

④ 지분양도 협의서

⑤ 새 주주의 상업등기증, 자산신용증명서 – 귀사가 준비해
　야 할 것임.

⑥ 신, 구 동사회 구성원 명단 및 신동사 위임파견서

⑦ 영업허가증, 비준증서(복사본) – 중국측 것임

⑧ 자본검사 보고서(복사본)

　인수대상 기업이 중국자본 기업일 경우 새로 외상투자기업
인증 절차를 거쳐야 합니다(주 : 인수대상 기업이 외상투자기업이냐 국내기업
이냐에 따라 지분인수 절차가 틀립니다).

합자/합작회사의 구별

저희 회사가 중국에 진출을 하려 하는데, 합자회사가 유리한지 아니면 합작회사가 유리한지를 알아보고 있습니다. 그런데 합자와 합작의 정의를 잘 몰라서 아직도 제자리걸음을 하고 있는 실정입니다. 합자회사와 합작회사의 정의 및 차이점을 비롯해 진출시의 유불리를 알려주시면 고맙겠습니다.

Answer

합자기업은 외국의 회사, 기업과 기타 경제조직 또는 개인이 중국법률에 근거하고 중국정부의 허가를 받아 평등호혜의 기초 위에서 중국경 내에서 중국의 회사, 기업 혹은 기타 경제조직과 공동으로 투자, 경영하고 투자비율대로 이익과 손실, 위험을 공동으로 부담하는 일종의 기업 형식입니다.

합자기업은 회사라는 법률형식을 취해야 하는데 일반적으로 유한책임회사 형식을 취하고 특별형식으로 주식유한회사 형식을 취할 수 있습니다.

합작기업은 외국의 회사기업과 기타 경제조직 또는 개인이 중국법률에 근거해 중국경 내에서 공동으로 설립하고 합작기업

계약의 약정에 따라 수익과 제품을 분배하고 위험과 손실을 분담하는 기업형식입니다. 합작기업은 법인 형식을 취할 수도 있고 취하지 않을 수도 있습니다. 법인형식을 취할 경우 유한책임회사 형식만이 가능합니다.

◙ 합자·합작회사의 차이점

1... 수익분배 방식에서 볼 때 합작기업의 합작 각방이 수익을 분배하는 근거는 합작기업계약서 중의 관련 규정이고 합자기업의 분배근거는 각자의 출자비율입니다. 합작기업 수익분배의 방식은 다원화된 것이어서 화폐형식으로 나타난 이윤을 분배할 수도 있고, 제품방식으로 분배하거나 합작 각방이 약정한 기타 방식으로 분배할 수 있습니다.

2... 합자기업은 경영기한 내에 투자자가 그 투자를 우선 회수할 수 없습니다. 합작기업의 경우 계약 중 약정한 합작기한 만료 시에 합작기업의 전체 고정자산을 무상으로 중국 합작측의 소유로 할 때만 외국투자자는 합작기한 내 투자의 회수를 신청할 수 있습니다.

합자기업은 기업운영 방식에 있어서 반드시 법에 규정한 동사회와 총경리를 두도록 규정하고 있으나, 합작기업은 쌍방의 합의로 조정할 수 있습니다. 단 법인격을 가지는 방식을 택할 시에는 반드시 동사회와 총경리를 두어야 합니다.

실제적으로 중국 법규정상 독자기업을 설립할 수 없어서 하는 어쩔수 없이 합자, 합작기업을 설립해야 하는데 회사경영을 전적으로 한국측이 맡아서 하고자 할 경우 합작회사 형태를 취하면 좋을 것입니다. 이럴 경우 중국측이 일부 출자를 하게 하되 단 회사순익과는 상관없이 일정 이익금을 주는 식으로 합의하면 될 것입니다.

Tip | **성형수술로10년 20만 명의 얼굴을 훼손한다**

중국소비자협회 통계자료에 따르면 중국의 성형미용업이 각광을 받기 시작한 이래로 평균 매년 성형수술 실패로 인한 신고가 근 2만 건에 달하며, 지난 10년간 20만 명의 얼굴이 망가졌다고 한다. 중국의학과학원 성형외과 담당의사는 매일 접대하는 환자 가운데 50%~60%는 전에 한 성형수술 실패로 망가진 얼굴을 고치러 오는 환자들이라고 했다. 주된 원인은 업종관리가 엄격한 못한 것 외에 성형수술을 받는 95%의 사람들이 자기에게 맞는지 여부에 올바른 판단이 없이 단순히 어느 탤런트처럼 해달라고 요구하거나 그냥 의사한테 맡기는 무책임한 태도에 있다고 분석하였다.

중국 지방정부와의 합자회사 설립

중국의 회사가 아니라 중국내 조선족 자치현과 합자회사를 설립하고자 하는데 이런 것이 법적으로 가능한지요?

한국에서는 현금으로 출자하고 조선족 자치현에서는 토지로 출자해 각각 50%의 출자로 주식회사를 설립해 개발하려 하는데 아무리 생각해봐도 공무원(현장, 부국장 등)들이 주식회사의 임원으로 일한다는 것이 이상하게 보이는데요. 우리나라에서는 공무원이 이중 취업할 수 없는 것으로 알고 있어서 말이죠. 만약 지치현 정부에서는 허가만 내주고 공무원이 아닌 사람들이 임원 또는 직원으로 일한다면 이러한 경우는 가능한지요?

그렇다 하더라도 자치현에서 토지를 주식 대신 투자해 회사를 설립하는 것이 중국법에 어긋나지 않는지 알 수가 없군요.

중국에서는 공무원도 회사 이사가 될 수 있습니다. 단지 자치현에서 토지를 출자한다고 하는데 중국에서는 회사 설립시 공장부지 등으로 출자하는 토지는 법으로 정해져 있습니다. 그러므로 이러한 사항을 잘 알고 협상해야 할 것입니다.

자치현에서 출자하려고 하는 토지가 자치현에 속한 집체소유 토지일 경우라고 판단되는데 이런 상태로는 적법한 토지출자가 될 수 없습니다. 쉽게 설명하자면 국가로부터 합작회사에 출자해도 좋다는 허가를 득해야 합니다. 중국측에서 토지를 출자하려고 할 때에 대해서는 질문 50과 70~72에서 상세히 설명하므로 이를 참조하기 바랍니다.

그리고 정부에서 주도하는 외국투자자와의 합작의 경우 일반적으로 정부와 바로 합작하는 것이 아니고 정부에서 국유기업과 같은 기업을 출현시켜 외국투자자와 합작하게 합니다.

Tip │ 중국 10대 승용차 생산업체

중국자동자산업협회에서 최근 발표한 자료에 의하면, 2004년 상반기에 중국의 10위 안에 드는 승용차 생산업체는 순서별로 상해폭스바겐, 일기폭스바겐, 상해GM, 광주혼다, 천진일기샤리, 북경현대, 장안기차, 신룡기차, 기뢰기차와 도요다기차이다. 통계에 따르면 위 10대 승용차 생산업체에서 생산한 승용차 수량은 전국 승용차 생산량의 72.8%에 달하고 판매량은 72.3%에 달한다.

국유기업, 집체소유기업

중국회사와 합자회사를 설립하려고 협상을 진행중에 있습니다. 그런데 중국회사 책임자들이 자기회사는 국유기업이므로 자기들과 합자를 하면 정부로부터 많은 지원을 받을 수 있다고 합니다.

우리나라의 경우 정부출연기관이나 정부기관일 경우 대한석유공사, 한국전력공사, 한국방송공사 등 공사라는 명칭을 사용하고 있는데, 그 중국회사는 유한책임공사라는 명칭을 사용하고 있는데 이 회사가 정말 국유기업인지를 어떻게 알 수 있는지요. 중국의 국유기업은 우리나라의 공사와 같은 경영구조를 가지고 있다고 생각하면 되는지요?

Answer

결론적으로 말하면 중국의 국유기업은 회사명칭만 가지고서는 국유기업인지의 여부를 판단할 수 없습니다. 하는 수 없이 관련 공상행정관리국 등을 통해 회사에 관한 조사를 해서 그 회사의 지분구조를 파악해야만 국유기업인지의 여부를 정확히 알 수 있습니다.

국유기업과 합자회사를 설립하면 중국정부로부터 많은 지원을 받을 수 있다는 말에는 선뜻 동의하기 어려우며 구체적인 경우를 따져보아야 할 것입니다.

2년 전 서안의 어느 석유회사는 한국의 통신장비업체와 합자를 하기 위해 적극적으로 협상을 진행한 적이 있었는데 알고 보니 그 석유회사가 구조조정을 하려고 하자 그 회사의 통신관련 부분 직원들이 분사해 합자회사를 설립해 석유회사의 기존 통신 부분을 현대화해 운영하려고 한 경우를 본 적 있습니다. 이때 본사인 석유회사에서 많은 재정적, 인적 지원을 해 독립시켜 주려고 하는 노력을 확인할 수 있었습니다.

중국은 아직도 우리나라에 비해 국유기업이 많습니다. 2000년 말 통계에 의하면 국유기업이 중국 국부의 31%, 개인 및 민영기업이 38%를 차지하고 있으며, 자산으로 본다면 국유기업이 26%, 개인자산이 57%, 홍콩, 마카오, 대만, 외국기업이 10% 미만을 차지하고 있습니다.

그러나 개수로 따져본다면 중국의 개혁개방 이후 수많은 사유기업이 생겼으므로 국유기업이 차지하는 비율을 5% 내외입니다.

여기서 국유기업이란 용어에서 나타나듯이 회사 소유자가 국가인 기업을 말하며 이런 국유기업의 관리기관은 중앙정부나 성, 시, 현정부로 나뉘어집니다.

국유기업의 관리기관이 국유기업의 동사장이나 총경리 등의 임명권도 가지는데 엄밀히 말하면 중앙정부, 성, 시, 현의 주관정부기관에서 동사장과 총경리의 임명권을 가지는 것이며, 당연히 국유기업의 운영에 대한 감독권도 주관정부 기관이 가집니다.

현재 국유기업의 소유지배를 살펴볼 것 같으면 순수 국가소유도 있고 외국기업이나 사유기업, 개인이 국유기업 지분을 매수해 국가와 위 매수자들의 공동소유로 되어 있는 기업도 있습니다.

현재 국유기업도 국가는 소유권만 가지고 운영권을 다른 사람에게 맡기는 경우가 많이 나타나고 있습니다.

또 향, 진에서도 자기들의 경제조직을 가지고 있어 자기들이 소유하고 있는 기업이 있는데 이를 통상 집체소유제기업이라고 부르고 있는데 향, 진에서 기업을 직접 운영하기보다는 개인이나 기업에게 운영권을 넘기고 향, 진은 개인, 기업 운영자가 매년 주는 일정 금액을 받는 경우가 많습니다.

그래서 처음에 무슨 유한책임공사라는 명칭을 가진 중국협상 파트너와 협상을 하러 가면 회의장소가 시청이나 구청 등의 관공서나 여기에서 운영하는 호텔인 경우가 많고 협상장에도 회사 관계자뿐 아니라 시, 구정부의 관계자까지 참석하는 모습을 보고는 어리둥절하게 되는데 이런 유한공사는 국유기업이기 때문에 관련 공무원들도 협상 테이블에 참석하는 것입니다.

최근에는 이러한 국유기업의 지분이나 주식을 외국기업이 인수하는 사례가 늘어나고 있습니다.

현재 많은 국유기업은 근로자들 수가 과다하거나 설비가 노후해 있고, 퇴직자들에게 주택과 연금을 계속해서 제공해 주어야 하는 등 경영구조가 비효율적인데 지금 중국정부에서는 이러한 국유기업의 구조조정과 현대화에 많은 관심을 가지고 해법을 찾고 있는 중이기도 합니다.

투자방식 – 합자

저는 현재 중국 광동성에 있는 업체와 합작투자에 관한 협의를 진행중에 있습니다. 그 업체는 10여년 전에 중국에 진출해 현재 임가공위탁 생산방식으로 운영되고 있는 한국투자 업체로 그 업체와 합자투자를 하려는 중입니다. 합자비율은 50 : 50 정도로 저는 설비, 기술, 기술지도, 기술인력 등 현물을 투자하고, 중국측(임가공위탁 생산업체)에서 공장용지, 유틸리티, 시험장비, 운영비 등을 투자해 생산활동을 하려고 합니다.

어떤 형태의 계약관계가 좋으며 어떤 내용으로 계약서를 작성해야 만일의 경우 문제가 발생될 시 최소한의 보상을 받을 수 있는지요?

Answer

귀하의 경우 합자방식이 좋다고 판단됩니다.

이미 중국에 진출해 있는 회사나 중국회사와 합자회사를 설립하려고 하는 경우, 기존의 회사부지와 건물을 출자하려고 하는 경우가 많은데 원칙적으로는 공장부지에 대한 토지사용권을 합작회사 명의로 바꾸는 실제적인 토지사용권의 출자가 이루어져야 완벽한 토지현물 출자라고 볼 수 있습니다.

중국에서 공장부지를 확보하는 방안은 중국정부에 돈을 지급하고 공장부지에 대한 토지사용권을 획득하는 경우(이를 중국법상으로 '출양' 이라고 함)와 중국정부가 그 회사에 토지를 무상분배해 사용하는 경우(획발 받은 토지라 함)나 농촌경제집단의 토지를 사용하는 경우(집체소유토지라 함)로 대개 나누어 볼 수 있습니다.

첫 번째처럼 국가로부터 출양받은 공장부지를 가지고 있는 회사일 경우 그 부지를 출자하고 이후 부지의 토지사용권을 합자회사 명의로 변경하는 데 문제가 없습니다만, 그 외의 경우에는 관할 토지관리국의 허가를 받아야만 외국기업과의 합자회사 공장부지로 사용할 수 있으며, 이러할 경우 매년 토지사용료를 지불해야 합니다.

그러므로 합자 대상 회사의 공장부지가 위 어떤 경우에 속하는지를 먼저 확인하고 합자협상을 해야 합니다. 출양 받은 토지사용권일 경우 출양금 상당액이 출자 된다고 보면 될 것입니다(이 경우에도 토지 사용기한이 얼마나 남아 있는지를 알아보아야 함).

그 외의 경우 관할 토지관리국에서 허가 받을 수 있는지를 중국측에 확인하고 허가 가능하다고 할 때 매년 납부해야 하는 토지사용료를 합자회사가 부담할지 아니면 중국측이 부담할지를 협상해야 할 것입니다.

중국법 규정상으로는 이 토지를 국가로부터 출양받을 시에 지급해야 할 금액을 평가 산정해 이 금액을 출자지분으로 한다고 정하고 있는데 이럴 경우에는 토지사용료를 중국측이 납부해야 할 것입니다.

대기업이 중국에 출자하는 경우 출자금액도 클 뿐 아니라 대규모의 공장용지를 확보해야 하므로 중국 지방정부가 앞장서서 공장부지를 제공하려고 노력하는 것을 많이 볼 수 있어 단돈 1원 인민폐로 토지사용권을 출양받는다든지 무상으로 토지사용권을 확보하는 경우도 있는데 이럴 경우 공장부지 확보에 있어서 아무런 법적 문제가 없습니다.

대기업에서도 중국의 토지제도를 잘 파악하고 있으므로 법적 절차에 따라 출양 받은 공장부지를 확보합니다. 이렇게 확보한 공장부지 위에 공장을 건설하고 기계를 설치해야 나중에 불법 공장용지 운운하면서 공장을 철거해야 할 위험을 막을 수 있는 것이기 때문입니다.

그러나 중소기업이 중국기업과 합자할 경우 중국기업에서 출자하려고 하는 공장부지의 경우 대부분이 획발토지이거나 집체 소유토지인 경우이므로 잘 살펴보아야 합니다.

귀사의 경우에도 이러한 점을 잘 살펴야 합니다.

공장부지와 건물에 대한 출자평가액만 결정된다면 귀사에서는 평가액만큼의 현물출자를 하면 됩니다. 귀사의 현물에 대한 평가는 쌍방이 합의해 결정하면 되나 너무 과도한 현물평가는 한국에서 회계정리시 한국에서의 현물평가 가격보다 높은 부분은 이익으로 평가되어 세금을 내야 한다든지, 중국세관에서 통관을 하지 못하는 경우가 생길 수 있으므로 유의해야 합니다.

이러한 모든 부분은 합자계약서상의 출자액, 출자 부분 등에 명확히 적시해야 합니다. 그리고 기술이나 기술지도, 기술인력은 등에 대한 출자에 대해서는 〈질의 60〉을 참조하시기 바랍니다.

Tip | **어린이 "인터넷 중독"을 치료하는 유효 처방**

최근 복건성 복주시심리학회와 창산구 관공위가 연합으로 창설한 심리자문센터는 근년에 초등학교와 중학교 어린이들의 "인터넷 중독"을 치료하는 과정에 〈인터넷 중독 진단 표준과 치료방안〉이란 처방을 발표했다. 전문가들은 아이들의 인터넷 중독 증세를 발견하면 가장들은 제때에 치료대책을 강구할 것과 인터넷 중독을 치료하는 방법에 대해 가장들의 지식이 부족할 경우 즉시 심리전문가의 도움을 구하라고 건의하였다.

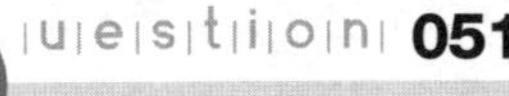

회사명칭의 차이 – 유한책임공사

중국회사와 합자회사를 설립하기 위해 협상 중에 있습니다.

중국회사 직원들의 명함을 받아보니 ㅇㅇ집단 ㅇㅇ유한공사라고 적혀 있는데 우리나라의 '주식회사' 와 같은 의미인가요?

Answer

중국에서 법인격을 가진 회사의 명칭을 살펴보면 크게 유한책임공사(유한책임공사)와 주식유한공사(구분유한공사)로 나뉘어지는데 유한책임공사란 투자자가 자기가 출자한 출자액에 한해 회사에 책임을 지며, 회사는 회사의 자산으로만 회사의 채무에 대해 책임을 집니다.

중국 〈회사법〉 제3조에 의하면 투자자는 회사의 채무에 간접적으로 책임을 지며, 회사에 출자할 의무가 있고 회사의 투자자는 2~50명 이하로 구성한다고 규정하고 있습니다. 투자자가 가지는 유한책임공사의 지분은 균등할 수도 있고 균등하지 않을 수도 있는데 유한책임공사는 등록자금이 업종에 따라 10만, 30만, 50만 원 인민폐 이상이어야 하고 실제적으로 '유한공사' 라고 많이 불리고 있습니다.

반면 중국 〈회사법〉 제3조에서 규정하고 있는 주식유한공사란 회사 전부의 자본을 등액으로 나누고, 주주는 가지고 있는 지분만큼 회사에 대해 책임을 집니다. 회사가 전부의 자산으로 회사의 채무에 대해 책임을 지는 회사를 말하는 것으로서 유한책임공사에 비해 투자자의 수가 많으며, 최소한 5명 이상의 투자자가 있어야 주식유한공사를 설립할 수 있습니다.

즉 5명 이상의 발기인이 회사 주식을 - 회사의 지분 - 인수하거나 제3자에게 공모해 주주를 모집합니다. 등록자본 총액이 천만 인민폐 이상 되어야 하는데 보통 '주식공사'라고도 불리고 있습니다.

우리나라 기업이나 개인이 중국기업과 합작하거나 독자적으로 회사를 설립할 때 법인형태를 갖춘 회사는 유한책임공사의 형태를 가지는 것이 일반적입니다.

또 ㅇㅇ집단공사(집단공사)라는 명칭도 있는데 이는 우리나라의 경우 그룹에 해당하는 것으로 생각하면 되는데 집단(공사) 아래에는 많은 계열회사들이 있습니다. 집단이라는 명칭은 5개 이상의 기업으로 이루어져야 하고 모회사와 자회사의 자본금 총액이 1억 원 인민폐를 넘을 때 사용할 수 있습니다.

그러므로 귀하가 받은 명함의 회사는 무슨 ㅇㅇ그룹의 ㅇㅇ주식회사라고 여기면 되는데, 단 그 회사의 주주가 3∼5명 사이 정도라고 생각하면 됩니다. 그 주주의 지분은 회사주식 몇 주를 가지고 있는 것이 아니라 회사의 지분 몇 %를 가지고 있는 것입니다.

　귀사도 중국측과 합자회사를 설립하게 되면 ○○유한(책임)공사라고 회사이름을 정하게 되는데, 등록자본이 500만 달러이고 중국측이 150만 달러, 귀사가 350만 달러를 출자하게 될 경우 투자지분은 중국측이 30%, 귀사가 70%를 가지게 되는 유한책임공사를 설립하는 것입니다.

회사명 – 외국어 사용가능 여부

중국에서 사용할 회사명칭은 영어로 사용해도 되는지, 중국어로 회사명칭을 사용할 때 반드시 중국어와 영어가 일치해야 하는지 알고 싶습니다. 그리고 회사명칭 작명시 어떤 규칙이 있다고 하던데 무엇을 말하는 것인지요?

Answer

일반적으로 설립비준 신청 전에 등기 주관부문에 어떤 회사명칭을 사용해도 좋은지를 예비허가를 받아야 합니다.

이 명칭으로 계약서나 정관 등에 설립될 회사명칭을 기재해야 합니다. 등기주관부문에서는 회사명칭이 관련법규에서 사용불가한 것으로 정한 국가명, 중, 화, 중국, 국가, 전국 등의 명칭을 사용하지 않고, 중복되는 명칭이 없으며, 외국국가(지구)명칭, 국제조직명칭, 정당명칭, 당정군기관명칭, 군중단체명칭, 사회단체명칭, 부대번호, 외국문자, 한어병음자모, 아라비아숫자 등이 명칭에 들어가지 않고, 기타 법규정에 위배되지 않으면 〈기업명칭 우선 허가 통지서〉를 발급해 줍니다.

기업명칭은 중국어로 표기해야 하고 영어는 사용할 수 없으며(북경에서는 현재 영어문자 사용이 가능한데 앞으로 다른 지역에서도 가능하게끔 바뀌리라 봄) 중국어로 표기한 후 계약서나 정관에 영어명칭을 표시해 기재할 수 있습니다. 이때 사용되는 영어명칭은 반드시 중국어와 일치되지 않아도 됩니다.

기업명칭은 반드시 지역 – 이름(상호) – 업종 – 경영방식 – 조직형태의 순으로 정해야 합니다.

예를 들면 다음과 같습니다.

· 심양 동현 부동산개발 유한공사
· 상해 태풍전자 유한공사
· 북경 대통 기계제조 유한공사

투자총액과 등록자본금 구별

한국 독자법인 설립을 계획중입니다. 중국(정부)측에서는 투자금액 및 등기자본을 투자협의서에 명기를 요구하고 있는데, 총투자액 300만 달러에 등기자본 210만 달러를 요구하고 있습니다.

본인은 다소 부담이 되지만 중국측에서 별 문제가 없다고 하면서 투자협의서를 그렇게 작성하자고 합니다. 실제로 그 금액이 투자가 안 되거나 등기자본이 안 될 수도 있는데 걱정입니다. 등기자본은 현금으로 내야 하는 건지 궁금합니다. 총투자액은 뭐고 등기자본은 도대체 뭔지 궁금합니다. 만약에 실제로 자본투자가 안 될 수도 있는 데 불이익은 없을는지 고민입니다.

Answer

1... 독자기업 투자총액은 독자회사정관에 규정한 생산규모대로 투입이 필요한 기본건설자금과 생산유동자금의 총액이며, 중국인이 회사를 설립할 시에는 투자총액을 규정할 것을 요구하지 않는 것이 일반적이나, 중국 외상투자기업법은 투자총액을 규정할 것을 요구하며, 투자총액은 등록자본과 같거나 많아야 합니다.

　　등록자본은 투자자가 실제 투자하는 자본금이며 위 투자총액과 동록자본의 차액은 대출을 받을 수 있는 제한 금액입니다.

2… 등록자본은 현금 외에 기계설비, 공장건물, 토지(합자합작시 중국측), 산업재산권, 전용기술 등으로 출자할 수 있으나 산업재산권, 전용기술출자시 등록자본의 일정 비율을 초과하지 못한다는 규정이 있습니다.

3… 투자총액이 300만 달러 이하(300만 달러 포함)일 경우 등록자본은 최소한 투자총액의 7/10를 차지해야 한다는 규정이 있습니다.

　　귀하의 경우 투자총액이 300만 달러라면 등록자본은 210만 달러 혹은 그 이상이어야 합니다.

　　투자총액과 등록자본은 일정비율로 정해져 있는데 아래와 같습니다. 즉 아래 투자총액에 대해 등록자본은 그 이상 되어야 합니다.

투자총액	등록자본
300만 달러 이하	70%
300만 달러 ~ 1,000만 달러 이하	50%
1,000만 달러 ~ 3,000만 달러 이하	40%
3,000만 달러 이상	1/3

4… 투자총액과 등록자본을 일정금액 정해놓고 중국정부로부터

비준을 받은 뒤에는 계약서나 정관에 정해진 기간 내에 출자자본을 납입해야 합니다. 만약 회사의 사정상 제때에 납입이 어렵거나 납입하지 못할 시에는 연기신청을 할 수 있으며, 투자총액과 등록자본을 납입하지 못할 시에는 해당 정부의 허가를 얻어 등록자본 감소 신청을 해 비준을 얻으면 됩니다.

사실 처음 정관이나 계약서에 정해진 대로의 등록자본을 전액 납입한 뒤 등록자본 증액, 감소 등의 절차를 거쳐야 하나 해당 지방 정부의 대외경제무역위원회와 잘 협의해 등록자본을 일부 납입한 이후에 납입되기 전이라도 변경 허가를 받을 수 있습니다.

최저자본금

현재 중국투자를 검토하고 있습니다. 업종은 파렛트 렌털로 현행 중국 투자 조건상 500만 달러 이상의 자본금 및 중외합자 형태를 가져야 한다는데 이게 맞는지요. 그리고 또 다른 형태의 투자방법이 없는지요. 기본적으로 몇 가지 사항을 조사해 보았는데(예를 들어 파트너 회사를 통한 사업 운영 등) 그외 유념해야 할 부분은 없는지요.

Answer
일반적으로 외상투자기업 최저자본금을 법으로 정해져 있는 것은 없고 중국 〈회사법〉 상 10만 원 인민폐일 경우 회사 설립이 가능하도록 하고 있으며, 북경의 경우 제조업은 10만 ~ 15만 달러를 최저자본금으로 요구하고 있습니다.

그런데 귀사가 하려고 하는 업종은 임대업으로서 다른 업종과는 달리 조건에 엄격합니다.

흔히 말하는 고가의 기계설비 등을 빌려주는 리스업이나 귀사가 하려고 하는 임대업은 모두 중국측과 합자해야 하는데 이 경우 중국측이나 외국측 회사는 대형기업이어야 합니다. 왜냐하면 자본금이 일정 규모가 되어야 한다는 조건이 있기 때문입니다.

조건	중국측 최저자본금	외국측 최저자본금	합자회사 최저자본금
리스업	4억 원 인민폐	4억 달러	2,000만 달러
임대업	1억 원 인민폐	5,000만 달러	500만 달러

일반적으로 위의 표와 같으나 최종적으로는 회사를 설립하려고 하는 지역의 비준을 책임지고 있는 대외경제무역위원회에 직접 확인해 보시기 바랍니다. 지역에 따라 약간의 차이가 있을 수 있습니다.

귀사의 경우는 아니겠습니다만 경우에 따라서는 중국기업이 단순히 한국기업에서 많은 돈을 투자하기만을 바라고 최저자본금을 부풀려 말하는 경우도 있음을 유의하시기 바랍니다. 이런 경우 일단 한국으로부터 많은 돈이 투자되면 합자회사를 운영하면서 중국인들이 회사의 이익창출에는 신경쓰지 않고 투자금을 빼내어 자기들 뱃속만 채우려고 하는 나쁜 의도가 있을 수 있습니다.

두 번째 질문은 회사설립 투자자금은 귀사가 부담하고 중국인 명의로 회사를 설립한 뒤 운영하는 방안을 묻는 것이라고 보는데 이럴 경우 중국인과의 신뢰관계가 가장 문제가 되겠지요. 단, 이렇게 회사를 운영해 이익이 생길 경우 이를 적법한 송금 절차를 거쳐 한국으로 이익송금 할 수는 없습니다.

Q 최소자본금

중국에 외국기업이 투자할 경우 업종별 최소 금액은 얼마이며, 독자, 합자, 합작시의 최소 투자금액에 대해 알려 주시면 감사하겠습니다.

A 중국 〈회사법〉에는 제조업, 도매업업을 주로 하는 회사의 최저 등록자본금이 50만 원 인민폐, 소매업 30만 원 인민폐, 기술개발, 자문, 서비스업 10만 원 인민폐로 규정하고 있는데 중외합자기업이나 독자기업일 경우의 최소자본금에 대해서는 명확히 규정된 법규가 없습니다.

일반적으로 중국 〈회사법〉에 회사 설립시의 최소 투자금액을 규정해 두었지만 북경시 조양구의 경우 최소 등록자본금액으로 15만 달러를 요구하는 등 지역마다 달리 정해 놓았으므로 설립할 도시의 대외경제무역위원회를 통해 확인해 보아야 합니다.

투자자본 송금 절차

저희 회사는 이번에 중국의 어떤 회사와 요녕성 심양에 합자회사를 설립했습니다. 계약서상에 투자자본을 6개월 내에 전액 납부하도록 정했는데 한국에서 위 투자자금을 중국으로 송금하려고 하면 어떤 절차를 거쳐야 하는지요?

Answer

중국에 합자회사를 설립했다면 중국정부로부터 비준을 받은 뒤 공상등기를 하고 이후에 외환구좌를 개설하게 됩니다. 귀사는 위 외환구좌로 투자자본을 달러로 송금해야 하는데 한국의 주거래은행을 통해 송금하면 됩니다. 개인과 개인사업자 법인의 경우에 갖추어야 할 서류는 다릅니다.

1... 투자송금 요건

중국에 투자할 회사의 출자지분의 10% 이상을 취득해야 하며 만일 10% 미만일 시에는 임원파견, 기술제휴, 1년 이상 원자재 매매계약 체결 등이 수반되어야 하며 투자상환 기간 1년 이상인 자금을 대여하는 방식 등으로 투자가 이루어질 수 있습니다.

2... 투자자는 신용불량자나 조세체납 사실이 없어야 합니다.

3... 투자송금의 제한 및 한도

개인 및 매출실적이 없는 개인사업자는 100만 달러 이하, 매출실적이 있는 개인사업자는 100만 달러와 최근 회계연도 매출액의 30%까지 투자송금이 가능합니다. 일반법인은 일반적으로 송금 한도 제한이 없습니다.

4... 준비서류

① **법인의 경우**

· 거래외국환은행 지정신청서
· 해외직접투자 신고서
· 사업계획서 또는 투자개요서
· 사업자등록증 사본
· 납세완납 증명서
· 인감증명서
· 당해 사업에 대한 관련계약서 – 합자, 합작일 경우
· 현물출자인 경우 현물투자 명세표와 감정평가서 또는 견적서

투자금액이 100만 달러 이상일 경우 최근 대차대조표 또는 신용조사서가 필요하고 중국 현지법인에서 증자할 경우 이에 따른 투자송금 증액시에는 중국 현지법인의 최근 결산대차대조표 또는 재무 상태를 나타내는 서류가 필요합니다.

② **개인의 경우**

위 ①항의 필요서류 중에 사업자등록증 사본이 필요없으며 대신 주민등록등본과 재산세 또는 소득세 납세사실 증명서가 필요합니다.

분할출자 기간과 증자

중국 광주에 합자회사를 설립중에 있습니다. 중국측과 저희가 현금 각각 100만 달러를 투자해 합자회사를 설립하려고 하는데 저희 회사의 재정 상황이 여의치 않기도 하거니와 일단 중국측에서 너무 급하게 합자회사를 세우자고 해 선뜻 한꺼번에 많은 돈을 투자할 마음이 내키지 않기도 합니다. 이럴 경우 회사를 설립하자마자 바로 투자금을 내어야 합니까?

Answer

귀사의 경우 분할 납입하는 방법과 증자의 방법을 택할 수 있습니다.

1... 분할 납입

한국에서는 회사 설립시 미리 자본금을 납입해야 하고 납입된 예금통장을 회사 신청시 법원에 제출해야만 회사 설립 인가를 받을 수 있으나 중국에서 외국기업이 합자회사를 설립할 시에는 먼저 신청 서류상으로 설립비준을 받은 뒤에 자본금 — 등록자본 — 을 납입하도록 규정하고 있습니다.

이 등록자본의 납입시에 자본금의 규모에 따라 영업허가증 발급날로부터 일정기간 내에 분할 납입하도록 규정하고 있는데 그 기간은 아래와 같습니다.

· 등록자본이 50만 달러 이하 --- 1년

· 등록자본이 50만 달러~100만 달러 이하 --- 1년 6개월

· 등록자본이 100만 달러~300만 달러 이하 --- 2년

· 등록자본이 300만 달러~1,000만 달러 이하 --- 3년

· 등록자본이 1,000만 달러 이상 --- 출자기한은 심사비준 기간에
  서 결정

등록자본을 일시에 전액 출자하고자 할 시에는 영업허가증이 발급된 날로부터 6개월 내에 전액 출자해야 하며, 위와 같이 분할 납입하고자 할 때에는 영업허가증이 발급된 날로부터 3개월 내에 정해진 출자액의 15% 이상을 납입해야 합니다.

그러므로 귀사는 등록자본이 200만 달러인 합자회사를 설립하게 되므로 납입기한을 최고 2년으로 분할해서 정해놓고 귀사의 자금 사정과 중국측의 태도를 보아가며 정해진 일자에 자본금을 납입하면 됩니다. 단 이 경우에도 영업허가증 3개월 내에 30만(그 중 중국측 15만 달러) 달러는 납입해야 합니다.

2... 증자 방법

사정상 분할 납입하는 방법을 택하지 않을 경우에는 일단 귀사의 자금 사정과 합자회사가 일정기간 운영할 수 있는 최소자본금을 정해 일단 합자회사를 설립하고 자본금을 납입한 후에 합자회사 사정을 보아가며 증자를 실시, 필요한 자본금을 증액할 수 있으며, 합자회사의 공장용지나 설비를 담보해 중국내 은행으로부터 자금을 융자받는 방법도 강구해 볼 수 있을 것입니다.

Tip | **두 개의 외자독자여행사 모두 일본에서 투자**

전일공(ANA) 국제여행사(중국)유한공사가 2004년 7월 북경에서 설립되었는데 이는 일항국제여행사 (중국)유한공사 이후 설립된 두 번째 외상독자여행사이다. 일항국제여행사와 전일공 국제여행사가 모두 설립 승인을 받은 것은 국가 여행국에서 일본자본 기업에 일정한 정책적인 배려를 제공하였음을 표명한 것이라고 〈경화시보〉는 보도하였다. 국가여행국 책임자는 현재 중국의 두 개 외상독자여행사가 모두 일본의 항공회사에서 투자하여 설립한 것은 중국의 일본시장에 대한 중시와 두 항공회사에 대한 지지를 여실히 보여주는 것이라고 했다.

Question 058

연기 출자

저희는 2000년에 중국에 투자해 최소자본금으로 회사를 설립했습니다. 현재는 자본이 고갈된 상태이고 추가증자를 계획하고 있습니다. 그래서 약 6개월 전에 중국 현지에서 자본증자를 신청해 놓았습니다. 그런데 사정이 여의치 않아 자본증자를 실행하지 못하고 있는 실정입니다.

이 경우 자본증자 신청은 유효한 것인지요? 증자신청 후 증자해야 할 기한이 있는지요? 기한 내에 증자하지 못하면 현지법인에 어떠한 불이익이 있는지에 관해 궁금합니다.

Answer 증자신청에 대한 비준결과가 나오지 않았다면 원 신청부문에 신청 철회를 할 수 있습니다. 증자신청이 나와도 철회하는 데 별 문제가 없을 것입니다. 현지 대외경제위원회에 신청하셨겠는데 위 신청부문에 자문해보시고 이미 비준결과가 나왔고, 공상등기 단계라면 공상국에 철회 절차를 자문한 뒤 절차를 거치시기 바랍니다.

중국투자 관련 법규상으로는 등록자본의 증감에 따른 규정을 정해두고 있으나, 사실상 실행단계에서는 지방정부에서 어떻게

든 외국자본을 유치하기 위해 규정과 다르게 외국기업의 편의를 봐 주고 있으므로 귀사의 경우 또한 문제없이 철회 절차를 할 수 있습니다.

등록자본을 제때에 납입하지 못하면 관련 정부기관에서 1, 2회 독촉을 하며 그 이후에도 납입하지 않을 시에는 비준증서가 자동적으로 효력을 상실한다고 규정하고 있습니다.

이 경우 기업은 공상행정관리국에 말소등기를 하고 영업허가증을 반납해야 합니다. 만약 자본납입 기간을 연장하고 싶다면 대외경제무역위원회의 허가를 받고 공상행정관리국에 기록하는 절차를 거치면 지역에 따라 1, 2 회 연장 가능할 것입니다.

귀사의 경우 이미 일정금액 등록자본을 납입 완료한 후 증액 절차에서 어려움을 겪고 있는 것이므로 해당기관에서 등록취소, 영업허가증 반납 독촉의 행위를 하지는 않을 것이라고 판단됩니다.

지분비율과 기술투자

다름이 아니고 저희 회사에서 이번에 중국에 투자를 하려고 합니다. 그런데 중국측 말로는 합자회사를 설립하려면 외국측 지분이 25% 이상이어야 하고, 또한 현금으로 투자해야 한다고 합니다.

저희 회사에서 궁금한 것은 1) 꼭 외국측이 25% 이상 출자해야만 합자회사가 설립되는지 2) 그 25%가 반드시 현금이어야 하는지 3) 현금 대신 기술을 인정받아 투자하면 안 되는지 4) 기술을 인정받을 수 있다면 인정받는 절차가 있는지, 아니면 그냥 쌍방이 인정하고 계약서에 기술하면 그대로 금액이 인정되는지입니다.

A|n|s|w|e|r|

〈중외합자경영 기업법〉상 외국측의 투자지분은 25% 이상이어야 한다고 나와 있습니다. 그러므로 귀사에서는 25% 이상을 출자해야만 중국측과 합자기업을 설립할 수 있습니다. 그러나 그 25%가 반드시 현금으로만 출자해야 되는 것은 아니며 기계설비나 기술로도 출자할 수 있습니다.

만약 기술출자를 최대한으로 하고 나머지를 다른 것으로 출자하려고 생각한다면 기술출자 지분은 20%까지만 인정받을 수 있으므로 실제적으로는 기술지분 20%, 현금 5%나 기술지분 20%, 설비투자분 5%가 최대한의 수치입니다. 기술출자시에는 당사자간에 합의해 기술가치에 대한 평가해 이 평가액을 출자지분으로 산정하면 되는데, 단 이 기술평가원칙은 국제통용가격 평가원칙과 일치해야 합니다.

기술출자를 했을 시 회사 설립을 하고 기술이 회사에 사용되고 난 후 심사비준기관에서 제대로 기술출자가 되어 기술이 실행되고 있는지 여부에 대해 검사할 권리가 있으며, 이 기술이 투자자가 설립 신청을 할 때 제공한 자료와 일치하지 않을 경우 시정을 요구할 수 있습니다.

Tip | **중국 인민의 생활수준 현황**

2003년 전국 도시 주민의 일인당 지배 가능한 수입은 8,472원으로서 물가상승을 고려하지 않으면 실제 9.0% 증가 되었고, 농촌 주민의 1인당 순수입은 2,622원으로서 실제 4.3% 증가 하였다. 엥겔지수는 도시가 37.1%로서 전해에 비해 0.6% 줄었고, 농촌이 45.6%로서 역시 0.6% 줄었다. 2003년 말 전국 자가용 보유량은 489만 대에 이르러 전해 말에 비해 146만 대 늘어났다. 2003년 농촌 빈곤 인구는 2,900만 명이다.

기술이전료

저희 회사는 북경에 자동차 부품제조 관련 공장을 설립하려고 중국측과 협의중에 있습니다. 중국측은 저희 회사가 가진 제조기술을 합자회사를 하면서 배우기를 원하고 있어서 합자회사 설립에 아주 적극적이며, 저희 회사 입장에서는 중국에 처음 진출하는 것이어서 독자로 공장을 운영하기보다는 비슷한 자동차 부품을 생산하고 있는 중국회사와 동업하는 것이 투자실패 위험을 줄인다고 생각해 협상이 무르익고 있는데, 저희 회사는 저희가 가진 기술을 금전적으로 평가받고 싶습니다. 즉 기술을 이전하는 데 따른 로열티를 받고 싶은데 중국에서 받을 수 있는지요? 아니면 다른 좋은 방법이 있는지요?

A 기술이전에 관한 질문이군요.

귀사가 가진 선진 기술을 이용해 중국측과 합자회사를 설립하는 방법은 2가지가 있습니다.

첫째는 기술을 금전적으로 평가해 이를 출자지분으로 하는 것입니다. 예를 들면, 귀사가 가진 기술을 20만 달러라고 평가하고, 그 외 귀사가 최소 5만 달러의 현금을 출자하며, 중국측이 75

만 달러 이하를 출자해 귀사가 25% 이상, 중국측이 75% 이하의 출자지분을 가진 합자회사를 설립하는 것입니다. 단 이 경우 기술지분은 전체 지분의 20%를 초과해서는 안 됩니다. 금전적 평가는 통상적인 국제관례에 따라 적절하게 평가해야 하며 귀사와 중국측과 합의해 정하면 됩니다.

둘째는 흔히 말하는 기술이전료, 즉 로열티를 받는 방법입니다. 이 경우에도 기술이전료를 금전적으로 평가해 일시불 혹은 분할로 받는 방법과 기술을 이전해 준 후 이전된 기술을 이용한 제품이 판매될 시 그 판매액의 2% 혹은 4% 등을 지급받는 방법이 있습니다. 흔히 전자를 이니셜 로열티, 후자를 러닝 로열티라고 부릅니다. 실제적으로는 일정금액의 이니셜 로열티와 러닝 로열티를 함께 받는 방법을 많이 사용하고 있습니다.

기술이전료는 실제적으로 합자회사 설립 전에 중국측과 합의해 정하지만 실제적으로는 합자회사 설립 후에 합자회사와 귀사의 명의로 기술이전 계약서를 작성해야 하는데, 이때 계약서상에 어떻게 기술이전료를 받을 것인가에 대해 상세하고 정확하게 잘 명시해 두어야 합니다. 기술이전료는 합자회사가 부담하는 것입니다.

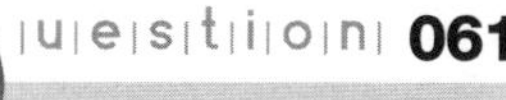

무형자산 출자비율

한중합작을 통해 법인을 신설하려고 하는데 중국측은 탐광권(광업권)을, 한국측은 탐사비용을 투자하려고 합니다. 중국측의 탐광권은 950만 달러 가량이며, 한국측의 탐사비용은 약 100만 달러를 투입해 회사를 설립하게 되면, 중국측이 투자하는 탐광권의 비중이 한국측 현금 출자금보다 훨씬 많은데 이럴 경우, 법인 신설시 무형자산의 비중이 등록자본금의 20%를 초과할 수 없다는 규정이 있다는 것 같은데, 여기서도 이 규정이 적용되는지요?

A |n|s|w|e|r|

20% 규정은 고정된 것이 아니고 지역, 업종마다 틀립니다. 운남성이나 신장, 사천성 지역 등 소위 서부개발지역은 기술권이 출자지분의 20%를 초과해도 비준을 해주기도 하며, 특히 신 하이테크 기술일 경우 지방정책에 따라 20%를 초과해도 된다고 규정해 놓기도 합니다.

귀사의 경우와 같이 광업재산권인 탐광권은 그 자체가 정부에 많은 돈을 주고 획득한 경우가 대부분일 것이고, 외국과의 합자를 원하는 경우라면 대부분 탐사, 채광 등의 운영자금이 모자라서 가동이 중단된 것일 경우가 많을 것이므로 무형자산의 비율에 상관하지 않고 관련 지방정부에서 합자회사 설립을 비준해 줄 것이라고 판단됩니다.

외상투자 광업회사의 설립은 중국 각 성정부 국토자원청의 광산개발처리 부서와 해당 정부의 대외무역경제위원회에서 관할하므로 해당 부서에 자문해 보시는 것이 가장 확실합니다.

귀사의 경우와 달리 외국측이 기존 중국기업의 지분을 인수하게 될 시 외국측의 투자가 등록자본의 25%를 초과하지 않을 경우 외상투자기업으로 평가받을 수 있지만, 영업허가증에 '외상자본이 25% 이하' 라고 명시합니다. 또 자체 사용설비, 물품 수입시 외상투자회사에 한한 세금감면을 받지 못하며 회사 운영시에도 기타 세금혜택을 받지 못합니다. 그리고 출자기한 면에서도 여러 가지 제한이 있습니다. 위 규정도 지역마다 틀릴 수 있으니 상기 정부부문에 자문해 보는 것이 가장 정확합니다.

예를 들면 북경 중관촌에서 중국인이 회사를 설립할 경우 단순히 기술출자만으로도 회사를 설립 가능하도록 규정하고 있습니다.

지분비율/기술평가/투자자금 회수 방법

LCD관련 부품(프레스물)제조업을 한국에서 영위하고 있고, 중국에 한국과 동일한 생산설비를 중국기업과 함께 설립하고자 하는데 다음과 같은 사항을 알고 싶습니다.

1. 중국기업과 합작법인을 설립시 한국기업이 경영권(51% 이상)을 확보할 수 있는지요?

2. 특허나 기타 인증서류 없이 중국기업과 합작 계약시 기술료 등을 약정할 수 있는지요?

3. 생산의 전공정이 중국에서 일어나는데 결산에 의한 배당금 이외의 다른 투자금 회수방법은 없는지요?

4. 생산공정이 1~2년이면 중국측에 노출되어 중국측의 독자생산도 가능해지는데 이때 국내로 생산품이 역수입 되면 국내 생산기반이 무너질 여지가 있는데 이에 대한 법적인 안전장치는 있는지요?

5. 예를 들어 기술료 약정을 5년 했다고 가정하고, 약 2년 경과 후 일방적으로 중국측이 계약을 파기한다면 대응책은 있는지요?

1... 중국기업과 합작할 때 합자기업과 합작기업의 두 가지 형태가 있습니다. 합자기업은 원칙상 여러 합자측이 합자기업 등록자본(자본금)에서 차지하는 비율대로 경영권을 갖게 된다고 생각하면 됩니다.

예를 들면 100만 달러의 투자에서 귀사가 60만 달러, 중국측이 40만 달러 투자할 때 경영권 비율도 6 : 4입니다. 단 당사자의 합의에 의해 지분이 작은 상대방에게 경영권을 줄 수도 있습니다. 그러나 사실상 경영권이란 회사 동사회(이사회)의 구성에 있어 누가 몇 명의 동사를 차지하느냐의 문제입니다. 동사회에서 회사 운영 방향이 결정되니까요.

그러므로 귀사는 동사의 수를 중국측보다 많이 가져야 되는데 일반적으로 지분이 중국측보다 많아야 하겠지요. 〈질문 65〉를 참조하시기 바랍니다. 합작기업은 여러 합작측이 합작조건을 제공하고 이윤분배라든지 경영권에 대해 합의해 결정하는 것입니다.

2... 기술을 합자기업에 이전할 시 외국측과 합자기업이 기술이전계약서를 체결하며, 기술은 기술이전계약에서 승인한 기술이면 되고, 위 기술계약서가 중국 관련 당국의 승인 받으면 위 기술계약대로 집행해야 합니다. 즉 계약서에 기술료에 관한 내용이 있으면 그대로 집행해야 합니다.

3... 합작(作)기업 설립시 합작기업계약에 합작기한이 만료될 시

합작기업의 전부의 고정자산을 무상으로 중국측 합작자의 소유로 한다고 규정하면 외국투자자는 합작기한 내에 투자를 앞당겨 회수할 수 있습니다.

4… 합작계약에 중국측은 단독 혹은 제삼자와 연합으로 계약제품의 생산에 종사할 수 없다고 규정하거나, 아니면 중국측에서 계약제품을 생산하게 되더라도 한국내에 수출을 하지 못하게 하는 조항 등으로 제한을 가할 수 있습니다.

기타 귀사에서 안전하다고 생각되는 방식으로 계약서에 중국측을 제한하는 조항을 넣을 수 있습니다. 위 조항을 위반시 손해를 배상하고 위약금 지불을 규정할 수 있습니다(비밀조항, 경업금지조항 등).

영업권 출자가능 여부

벌써 심양에 친구가 화학제품 관련 독자기업을 설립하고 사업을 하고 있는데, 이번에 저와 그 친구가 심양에 다른 화학제품 생산회사를 설립하려고 합니다. 이때 그 친구는 자기가 하고 있는 사업의 영업권과 공장의 설비를 출자하려고 하고 저는 현금을 출자해 새 회사를 설립하려고 하는 것입니다. 영업권도 출자대상이 될 수 있는지요?

외자기업법에 규정한 출자방식으로는 화폐, 기계설비, 산업재산권, 전용기술 등이 있습니다. 여기서 말하는 산업재산권이란 상표권과 특허권을 가리키며, 전용기술은 특허를 받지 않은 투자자 소유의 기술비밀, 노하우를 가리킵니다.

그러므로 특허를 받지 않은 기술로도 출자가 가능하며 위 기술에 대한 출자시 평가금액을 어느 정도 인정하느냐 하는 것은 국제적으로 통용되는 가격원칙에 의하되 당사자 사이의 합의에 의해서 정하면 됩니다.

귀하의 친구가 투자하려고 하는 영업권이란 아마 기존에 친구가 사업을 하면서 구축해 놓은 고객들, 고객관리 방법, 기타 사업상 필요한 인맥, 경영상의 노하우 등을 말하는 것이라 생각하는데 이러한 영업권은 출자대상이 될 수 없습니다. 단, 광산채굴권이라든지 고속도로 운영 경영권 등 확실하게 금전가치가 있는 권리라면 출자의 대상이 될 수 있습니다.

설비출자를 통한 증자

현지에 기 투자된 외자기업을 갖고 있습니다. 공장이전을 위해 현재 사용중인 설비를 수리해 현지 이전하고자 할 때 기계설비 등을 수리비 및 운반비를 포함해 적정가격을 산출해 추가 투자하려고 합니다. 현행 중국법상 가능한지요?

Answer
귀사의 경우 등록자본의 증액절차를 거쳐야 합니다. 즉 증자를 하면 됩니다. 증자를 하기 위해서는 동사회의 만장일치를 거쳐 아래 서류를 준비해 비준기관에 신청, 비준을 받은 뒤 증액출자 절차를 거치면 됩니다. 귀사의 경우 실제적으로는 먼저 수리비와 운반비 등에 대한 금액을 산정한 뒤 이 산정금액 상당액을 증자한 뒤 증자금액으로 수리비와 운반비 등에 사용하면 될 것입니다.

〈등록자본의 증액에 따른 신청서류〉
- 동사회의결서(원본)
- 기업자본 검사보고(복사본)
- 영업허가증, 비준증서(복사본)
- 기업신청(원본)
- 영업허가증, 비준증서(복사본)

동사회

저희 회사는 울산에서 자동차 부품을 제조하는 회사로서 북경에 합자 회사를 설립하려고 중국 회사와 합의중에 있는데 우리 회사가 주도적으로 회사를 운영하고 싶습니다. 그러려면 동사의 수를 많이 가져야 한다고 하는데 동사의 수를 많이 가지려면 어떻게 해야 하나요? 동사회에서는 어떤 역할을 하고 어떻게 구성하고 의결하는지요?

A n s w e r

1... 동사회의 구성

중국법에서 말하는 동사는 이사, 동사회는 이사회라고 보면 됩니다. 위 동사회는 동사 3명 이상으로 구성하도록 되어 있습니다. 일반적으로 동사의 구성은 쌍방이 출자하는 비율에 따라 결정하는데 결국 출자를 많이 하는 쪽이 동사를 많이 가져서 동사회의 운영을 주도할 수 있으므로 귀사가 중국측보다 출자를 많이 하면서 동사의 수를 중국보다 많이 가지면 됩니다.

아래에서 설명하다시피 동사회의 의결은 출석 동사 과반수의 찬성으로 결정하도록 정하는 것이 일반적인 것이므로 동사의 수를 3명으로 할 때에는 귀사가 2명의 동사를, 동사의 수를 5명으로 할 시에는 귀사가 3명 이상의 동사를 가지게 되면 동사회의 의결을 주도할 수 있게 되는 것입니다.

일방이 동사장을 위임 파견하면 타방은 부동사장을 위임 파견해야 하며, 동사장이 그 직책을 수행할 수 없을 때 권한을 위임 받은 부동사장이나 기타 동사가 합자기업을 대표합니다.

동사회 회의는 매년 1회 개최해야 하며 1/3 이상 동사가 임시 동사회 개최를 요구하면 동사장은 동사회 임시회의를 소집해야 합니다. 동사회는 일반적으로 영업허가증을 받는 날에 성립하는 것으로 정하며, 제1회 동사회는 위 성립일로부터 최대한 빠른 시일 내에 소집해 총경리와 부총경리 등의 선임, 공장의 건설, 직원 모집, 운영 등에 관한 제반사항을 정하고 기업운영을 시작합니다.

동사회는 2/3 이상의 동사가 출석해야만 개최할 수 있고 동사회에 출석할 수 없는 동사는 위임장을 교부해 제3자로 하여금 출석, 의결하게 할 수 있습니다.

2... 동사회의 의결

동사회는 일반사항에 대해 정관의 규정에 따라 의결하도록 법상 정해져 있으나, 일반적으로는 출석 동사 과반수의 찬성으로 의결 하도록 하는 경우가 대부분이며, 다만 다음 사항은 출석동사 전원의 동의가 있어야 한다고 법상 규정하고 있습니다.

① 합자기업의 정관의 수정

② 합자기업의 종료 및 해산

③ 합자기업의 등록자본의 변경

④ 합자기업의 합병

위 4가지 사항만 반드시 출석 동사 전원의 동의를 얻도록 법에서 규정하고 있으나, 상황에 따라서는 예를 들면 각 방의 출자지분이 동등하거나 비슷해 어느 일방이 동사회의 의결권을 주도하지 못할 경우 여러 안건에 대해 출석 동사 전원의 동의를 얻도록 합의하는 것도 가능합니다.

구체적으로 어느 사항을 이에 포함시킬 것인가는 기업운영의 경우를 예상해 신중히 선택하는 것이 좋습니다. 이럴 경우 동사회에서 결정해야 할 사항을 합의해 두는 것도 좋은 방법입니다.

예를 들면 아래의 사항이 있습니다.

① 총경리가 제출한 중요한 보고－생산경영 계획보고와 연도 영업보고의 결정과 비준

② 회사의 중요한 규정, 제도－임금, 징계방법, 직원의 복리, 직원의 고용과 해고의 결정

③ 회사의 차입, 담보 설정, 기타 융자 등에 대한 사항의 결정

④ 준비기금, 장려복지기금, 기업발전기금의 적립금액과 그 사용방법의 결정

⑤ 제 3자와 체결하는 금액 ○○인민폐 이상의 계약, 협의, 양

해각서의 비준 및 해제

⑥ 총경리, 부총경리를 포함한 회사고급 직원의 고용 및 그들의 직권, 보수, 사회복지의 결정

⑦ 회사의 소송에 대한 제반 사항 등

또 동사장은 동사회의 진행을 주도할 뿐 찬반 동수의 경우 결정권을 가질 수 없게 합의하는 것이 일반적입니다.

3... 동사의 보수

일반적으로 동사는 회사로부터 보수를 지급받지 못하는 것으로 정하며, 단지 동사회의 참석을 위해 한국 국적 동사의 경우 한국에서 중국으로 출장을 가야 하므로 동사회 참석의 경우 출장비 등 실비를 지급한다고 정하는 것이 좋습니다.

동사가 총경리와 부총경리, 기타 고급직원의 직책을 가지게 될 시에는 일정 급여를 받는 것으로 정하는 것이 당연합니다.

동사회 /동사장 /부동사장 /총경리

합자계약서에 동사회, 동사장, 부동사장, 총경리 등의 용어가 나오는데 정확하게 위 용어의 의미는 무엇이며, 위 직책에 따른 책임은 어떤 것입니까? 중국측에서 동사장은 우리가, 총경리는 자기들이 맡아서 하자고 하는데 이렇게 하는 것이 우리에게 유리한 것인지요?

A 중국 법률용어 중 정확하게 우리나라의 법률용어와 맞는 것을 찾기가 어렵습니다. 귀하가 물으시는 위 용어 역시 마찬가지입니다. 가장 근접한 것을 찾는다면 동사회는 우리나라의 경우 이사회, 동사장은 이사장, 대표이사에 해당되며, 총경리는 본사가 서울에 있고 공장이 지방에 있는 경우 공장장에 해당된다고 보거나 회사 오너가 아닌 전문경영인에 해당 되는 것이라고 볼 수 있습니다.

동사장은 회사의 대표로서 그의 직책은 대외적으로 회사의 제반 업무를 책임지며, 대외적으로 직접 회사를 대표해 민사활동을 진행하고, 소송 발생시 법인을 대표하며 응소하거나 소송을 제기합니다.

일반적으로 대외적인 계약서상의 서명자는 위 동사장이 해야 법적 효력이 있습니다. 총경리의 직책에 대해서는 〈중화인민공화국 회사법〉 제 50조에 회사의 생산경영관리 주관, 동사회 의결의 실시, 회사연간 경영계획과 투자방안 실시, 회사내부 기구 설치방안 초안 작성, 회사 기본관리제도 초안작성, 회사의 구체적 규칙제도 제정 등에 대해 규정하고 있는데 실제상 총경리의 직권과 책임은 주로 회사 정관 , 회사관리기구에 대한 회사 규정과 회사와 총경리간에 체결한 초빙계약서에 의거해야 합니다.

이럴 경우 일종의 전문경영인이라고 볼 수 있습니다. 사실상 회사경영 책임에 관해 동사장과 총경리의 책임부분에 대해서는 명확하게 구분하기 어려우며, 특히 형사책임에 있어서는 그 책임구분이 더더욱 어렵습니다.

동사장이 회사경영 제반에 대한 책임을 진다고 하면 총경리는 구체적인 책임을 지도록 규정하고 있는 경우가 많습니다.

회사경영상 동사회는 1년에 한번 정기적으로 개최하도록 규정하고 있는 것이 대부분인데 동사회 개최시에 동사장이 회의를 주제하는 경우와 일반적인 대외 계약상 동사장이 계약체결 당사자로서 서명날인 하는 것 외에는 사실상 총경리가 공장을 가동하고 제품을 생산하는 데 필요한 원부자재를 구입하고 직원들을 채용하고 회사운영 경비를 집행하는 등 회사를 책임지고 운영해 나간다고 해도 과언이 아닙니다.

그러므로 동사장과 동사, 총경리는 출자지분에 따라 출자지분이 많은 쪽이 다수 동사를 가지며 회사를 운영해 나가기도 합니다. 한국측이 70, 80%의 지분을 가지는 경우 다수의 동사를 한국측이 차지할 뿐 아니라 동사장과 총경리까지도 한국측이 맡아서 운영하는 것이 좋습니다.

합자회사의 운영시에 귀사가 공장운영이나 설비가동, 전문기술의 이전, 회사의 선진적 운영방식에 주도적으로 참여해야 한다면 총경리가 중요한 직책이 될 것입니다.

그 외 동사장은 우리가 맡고 총경리를 중국측이 맡고자 원할 때 가장 중요하게 생각해야 할 사항은 운영경비 집행의 신뢰성 즉 회계처리의 공정, 투명화인데 이런 방식으로 합자회사를 운영해 나갈 경우 수시로 한국측이 회계 상황을 살펴보거나 보고를 받도록 해야 합니다.

이런 경우를 대비해 계약서상에 '한국측이 자기의 비용으로 회계감사를 할 수 있으며, 이때 중국측은 적극 협조해야 한다' 라는 규정을 명시하는 것이 좋습니다.

동사장과 총경리의 책임

심천에서 중국측과 합자회사를 운영하고 있습니다. 저희 회사는 동사장을 맡고 있고, 중국측에서 총경리를 맡아서 회사를 운영해 가고 있는데 최근에 매출시에 일부 화표(세금계산서)를 발행하지 않고, 증치세(부가가치세)와 기업소득세 등을 제대로 납부하지 않은 것이 중국세관에 적발되었다는 연락을 받았습니다.

저는 한달에 한번 3 ~ 4일 정도 심천에 있는 공장을 방문하는 것이 고작이고, 사실상 회사 운영은 중국인 총경리가 맡아서 하고 있는데 이럴 경우 제가 위 세금신고 누락에 대한 책임을 져야 하는지요?

귀하의 경우 크게 행정책임과 형사책임으로 나누어 살펴볼 수 있습니다.

1... 행정책임

2001년에 개정된 〈중화인민공화국 세금징수 관리법〉의 제63조 탈세행위 관련 규정에 따르면 세무기관에서 취할 수 있는 조치는 납세인이 세금을 납입하지 않았거나, 적게 납입한 경우 원래 내어야 할 세금액과의 차액과 체납금을 추후 징수하고, 동시에 납세인에게 위 금액의 50% 이상 5배 이하의 벌금을 내리는 것입니다. 이때 행정처벌 대상은 기업이며 동사장 혹은 총경리 등 관리자 개인이 아닙니다.

2... 형사책임

1997년 〈중화인민공화국 형법〉 제201조와 제211조의 탈세범죄 관련 조항 규정에 따르면 기업이 탈세할 경우 기업에는 벌금형을 내리고 직접적인 관리자와 기타 책임인원에 대해서는 탈세금액에 따라 1개월 이상 7년 이하의 징역에 처할 수 있다고 규정하고 있습니다.

탈세금액이 응당 납세해야 하는 금액의 10% 이상 30% 미만이고 1만 원 인민폐 이상 10만 원 인민폐 미만이거나 혹은 탈세로 세무기관에 의해 2차례 이상의 행정처벌을 받은 후 다시 탈세한 경우 3년 이하의 유기징역 혹은 1개월 이상 6개월 미만의 구금형에 처하며, 동시에 탈세금액의 1배 이상 5배 이하의 벌금을 내립니다.

탈세금액이 응당 납입해야 하는 세금액의 30% 이상이고 동시에 탈세금액이 10만 원 이상이면 3년 이상 7년 이하의 유기징역형에 처하고 탈세금액의 1배 이상 5배 이하의 벌금형에 처합니다.

여기서 말하는 '직접적인 관리자와 기타 책임인원'은 기업의 동사장, 총경리, 재무회계 부서 책임자 기타 책임 인원을 말하는데 궁극적으로 형사책임을 동사장이 지는지, 총경리가 지는지에 대해서는 실제 관리인원이 누구이며, 누구가 업무지시를 내렸는지, 누가 직접적으로 관리를 주도해 왔는지에 따라 판단됩니다. 예를 들면 총경리가 위 탈세 내용을 알면서 제지하지 않았거나 탈세를 지시했는데 동사장이 위 내용을 모르는 경우 총경리가 책임을 진다고 할 것입니다.

귀하의 경우 귀하가 이러한 탈세 사실을 전혀 모르고 보고도 받지 않았다면 귀하가 형사책임을 지지는 않는다고 판단됩니다.

동사회 조직 변경

중국 위해(威海)에 투자하고 있는 회사의 기획실에 근무하고 있는 사람입니다. 현재 저희 회사가 동사회 조직(인원수)을 변경하려고 합니다. 동사회 조직과 총경리를 변경하려면 필요한 절차와 구비서류가 어떻게 되는지 알고 싶습니다.

단순한 동사회 인원 변경은 투자측의 새 동사위임 파견서로만 변경 가능하고 특별한 비준절차가 필요하지 않으며, 총경리는 동사회에서 초빙하는 것이니 동사회의 의결서만으로 가능합니다. 즉 동사회에서 의결한 뒤 원 공상행정관리부문에 등기 변경만 하면 됩니다.

그러나 동사회 조직과 인원이 변경될 경우 당연히 계약서나 정관에 규정되어 있는 동사회에 대한 규정이 변해야 하므로 동사회의 의결을 거쳐 해당 대외경제무역위원회의 비준을 받은 뒤 원 공상행정관리국에 등기 변경을 해야 합니다.

비준절차에 필요한 신청서류는 일반적으로 다음과 같습니다.

① 기업신청(원본)

② 동사회 의결서(원본)

③ 계약서, 정관수정 협의서(원본)

④ 신구 동사회 구성원 명단 및 신동사 위임파견서(원본)

⑤ 신동사 신분증명(복사본)

⑥ 영업허가증, 비준증서(복사본)

외국인의 동사장 담임 가능 여부

이번에 법인을 설립하는데 국적이 대만인 사람이 대표이사를 할 수 있는지요? 또 법인설립과 함께 중국의 한 유한회사와 합작법인을 설립하려고 하는데, 중국 75%, 한국 25% 입니다. 이 경우 한국법인이 얻는 장점은 무엇일까요? 또 한국기업이지만 대만 국적을 가진 대표이사가 합작법인 설립이 가능한지요?

Answer

합자회사의 대표이사(동사장)는 중외합작자들이 협상해 정하거나 합자회사 이사회에서 선출하며, 대표이사는 국적의 제한을 받지 않습니다. 참고로 대만기업이 중국에서 중국회사와 합작할 때에도 외국인투자자의 대우를 받으며, 대만기업이 투자한 기업도 외상투자기업의 대우를 받습니다.

한국기업(외국투자자)의 지분비율이 합자회사의 25%를 이상을 점해야만 외상투자기업의 자격을 가지며, 설비, 물자 수입시 세금감면 우대를 받을 수 있고, 중국에서 합자회사를 경영함에 따르는 기타 우대를 받을 수 있습니다. 25% 이하일 경우 종종 등록자본 출자시에 기한상 제한이 있습니다.

토지소유권과 사용권

공시시가보다 싸게 중국의 토지를 매입하게 해준다고 하는데 중국에서도 개인이 토지를 살 수 있나요? 50년 장기임대 형식이라고 하는데 소유권을 갖는 것과는 어떻게 다른가요?

Answer

중국에서는 토지소유권은 국가(국가소유토지와 농촌집체토지소유)에 속하면 개인소유권을 보유하거나 살 수 없습니다. 아마 귀하가 말하는 것은 토지사용권이라고 판단됩니다.

토지사용권을 국가 혹은 농촌집체로부터 사거나 임대할 수 있습니다. 국가소유토지일 경우 그 사용권의 최대기간이 사용 용도에 따라 70년(거주용), 50년(공업), 40년(오락)으로 나누어집니다. 토지사용권을 살 때 정부 토지관리부문과 토지 출양계약을 체결하며 위 계약에서 약정한 용도대로 토지를 사용해야 합니다. 출양 받은 토지사용권은 양도, 임대, 저당이 가능합니다.

토지소유권은 개인에게 속하지 않기에 양도, 임대, 저당이 불가능합니다. 50년간 사용기한이 지난 뒤에도 토지 사용자가 다시 토지를 사용하고자 한다면 사용기한 1년 전에 연장하는 신청을 하면 되고, 이때 토지관리국에서는 도시계획 등의 특별한 이유가 없는 이상은 다시 연장해 주도록 규정하고 있습니다.

Tip | **중국 외상직접투자 업종분류 현황(2003)**

단위 : 억달러(USD)

업종	계약건수		계약금액		실제 사용금액	
	개수	증가 %	절대치	증가 %	절대치	증가 %
전국 합계	41,081	20.2	1150.7	39.0	535.1	1.4
그 중 : 농/림/목/어업	1,116	14.5	22.8	34.8	10.0	−2.6
채굴업	211	28.7	6.6	72.1	3.4	−42.1
제조업	29,281	17.5	807.5	36.2	369.4	0.4
건축업	396	20.4	16.8	58.6	6.1	−13.7
교통운송/창고저장/우정통신업	506	24.9	50.1	228.0	8.7	−5.1
도매/소매/음식업	2,207	28.6	23.8	43.3	11.2	19.7
금융/보험업	23	35.3	3.2	−30.7	2.3	117.5
부동산업	1,553	18.0	91.1	26.2	52.4	−7.5
사회서비스업	4,242	24.1	70.4	41.2	31.6	7.4
위생/체육/사회복지업	85	70.0	2.7	4.4	1.3	−0.6
교육/문화예술/방화영화TV업	70	45.8	2.8	159.1	0.6	53.0
과학연구/종합기술서비스	558	145.8	7.5	41.1	2.6	31.0

토지사용권자 확인 방법

북경에 한 지인으로부터 투자 제의를 받았습니다. 한국에서 현금투자를, 북경에서 토지와 현금 일부투자 조건입니다. 그쪽에서는 북경의 토지에 대한 사용권을 가지고 있다고 합니다. 토지사용권을 그쪽에서 가지고 있는지가 궁금합니다. 어떤 방법으로 토지사용권자를 알 수 있을지 궁금합니다.

Answer

국가로부터 적법하게 토지사용권을 출양받았다면 국유토지사용증을 가지고 있습니다(토지사용권을 매매하기도 함).

국유토지사용증 해석 방법은 220쪽의 그림과 같습니다.

중국측이 토지사용권을 출자한다고 할 때 먼저 협상시 중국측 파트너로부터 국유토지사용증을 받아서 확인해 보아야 하며, 다른 한편으로는 관할 토지관리국에 가서 이런 사항들을 확인해 보아야 합니다. 등기해야 토지사용증을 발급 받으며 담보권 설정이나 임대시에도 등기를 하도록 하고 있어서 토지관리국에서 토지사용권자와 담보권의 설정여부, 임대여부를 확인해 볼 수 있습니다.

우리나라에서는 누구라도 이런 사항을 등기부등본, 토지대장, 건축물관리대장 등을 발부받아 확인해 볼 수 있는 것과 달리 중국에서는 누구나 이런 사항을 공문서를 발급받아 확인해 볼 수 없으므로 직접 토지관리국에 가서 토지사용증을 보이면서 확인해 보는 수밖에 없습니다.

그러므로 귀하의 경우에는 실제로는 중국측으로부터 토지사용증을 복사 받아서 그 복사본을 가지고 중국측이 적법, 정당한 권리자임을 확인하게 될 것입니다. 실질적으로 귀하가 이를 확인해 보는 것은 거의 불가능하며, 결국 이런 사항을 확인해 볼 수 있는 자는 중국 변호사에게 도움을 청해야 하는데 이도 소송에 관련되어 있는 토지에 관해서만 가능합니다.

그러나 소송관련 여부와 상관없이 일반적으로 변호사가 이런 토지관련 사항을 토지관리국에서 확인해 볼 수 있는데 지역에 따라서는 까다롭게 하는 곳이 있어 아무리 변호사라 할지라도 소송관련 여부를 증명해 주지 못할 경우 전혀 확인을 할 수 없기도 합니다. 아무튼 중국의 토지제도는 우리와 완전히 다르고 외국인인 우리가 확인해 보기 힘든 점이 많으므로 반드시 중국 변호사를 통해 확인해 보는 것이 좋습니다. 중국의 토지제도에 대해서는 본 책자의 토지관련 질문들을 참조하시기 바랍니다.

[국유토지 사용증]

(앞면)

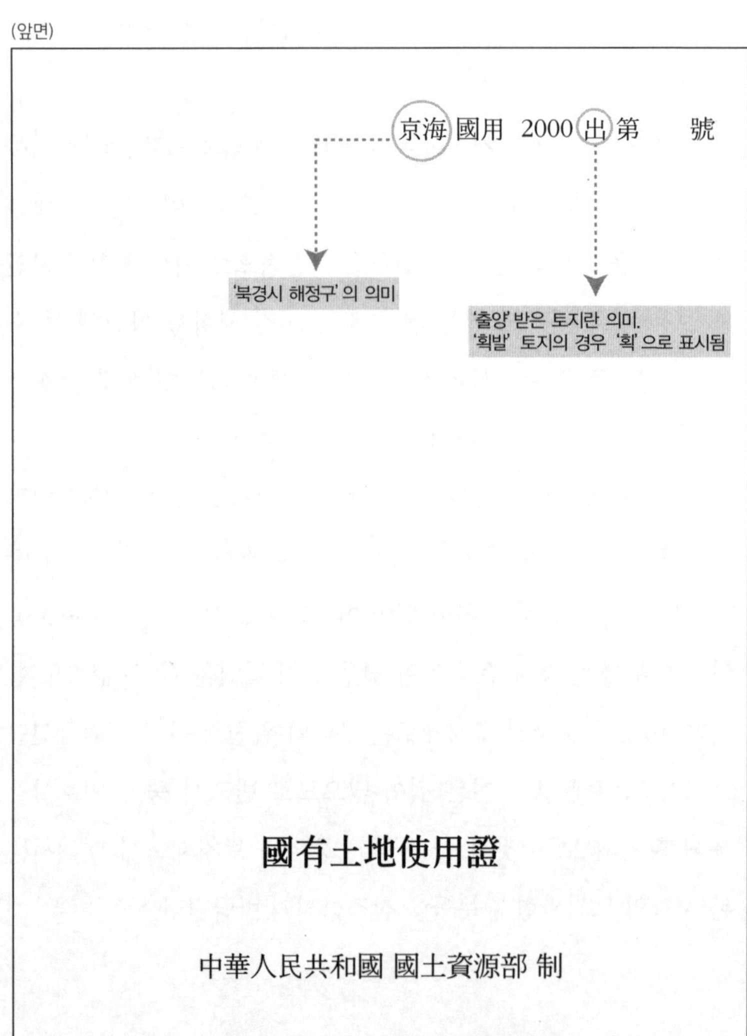

京海 國用 2000 出 第   號
'북경시 해정구' 의 의미
'출양' 받은 토지란 의미.
'획발' 토지의 경우 '획' 으로 표시됨
國有土地使用證
中華人民共和國 國土資源部 制

(뒷면)

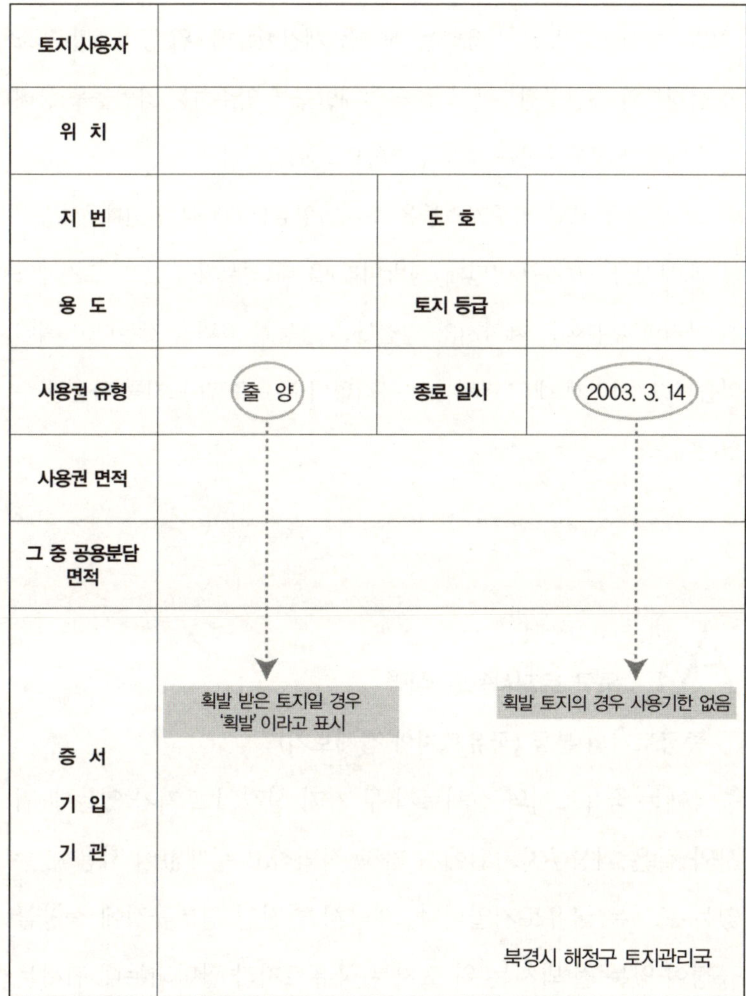

토지 사용자			
위 치			
지 번		도 호	
용 도		토지 등급	
시용권 유형	출 양	종료 일시	2003. 3. 14
사용권 면적			
그 중 공용분담 면적			
증 서 기 입 기 관			

토지사용권 획발과 출양

북경의 모 공업개발구총회사와 위 공업개발구에 위치한 토지를 50년간 '획발' 방식으로 무료 사용하는 계약을 체결했는데, 위 공업개발구 소속 현정부와 개발구정부에서 위 공업개발구에 입주하는 기업들을 상대해서 제정한 정부규정을 계약서 별첨으로 했습니다.

그 별첨을 보면 입주기업들은 토지출양금(1,000원 인민폐/평방미터)과 보상금(5,000원 인민폐/평방미터)을 내도록 되어 있고, 토지계약서 마지막 부분에는 계약서와 별첨들은 동등한 효력을 갖는다고 적혀 있습니다. 이렇게 해도 저희들이 무리없이 무료로 위 토지를 사용할 수 있는지요?

A|n|s|w|e|r|

1... 중국 토지사용권 설명

① 중국토지의 분류 (국유토지와 집체토지)

중국에는 국유토지와 집체토지 두 가지 성격의 토지가 있는데 귀사와 같은 외상투자기업에서 가장 적법하고 문제없이 사용할 수 있는 토지는 국유토지입니다. 계약서 별첨인 정부규정에 출양금 규정이 있는 걸 봐서는 위 토지는 국유토지라 판단되는데 귀사는 출양, 획발, 양도 등 방식을 통해 적법하게 국유토지 사용권을 획득할 수 있습니다.

② 국유토지사용권 출양과 획발의 구별점

국유토지 사용권 출양은 현급 이상 정부토지 관리부문에서 토지사용자와 국유토지 사용권 출양계약을 체결하고, 일정한 국유토지의 사용권(사용권, 양도권, 저당권, 임대권 포함)을 일정한 기간 동안 토지사용자에게 양도하는 것을 말하는데 토지사용자는 일정한 금액의 토지출양금을 지급해야 합니다.

국유토지 사용권 획발은 현급 이상 인민정부에서 토지사용자가 보상, 안치 등의 비용을 납입한 후 해당 토지를 토지사용자에게 교부해 사용하게 하거나 혹은 위 토지사용권을 무상으로 토지사용자에게 교부하는 행위를 말합니다.

획발의 경우 일반적으로 국가기관 용지, 군사기지, 도시인프라부지, 공공사업부지,국가중점 인프라부지 등에 적용되며, 기타 경우에도 가능합니다. 획발은 두 가지 경우가 있는 하나는 조건이 부가된 획발 즉, 토지사용자는 규정된 보상(농경지 사용시 농민들에 대한 보상), 안치비용을 지급해야만 토지사용권을 획득할 수 있으며, 다른 하나는 아무런 비용도 납입하지 않고 토지사용권을 획득하는 것입니다.

출양의 경우 : 출양금도 지급하고 경우에 따라서는 원주민들에 대한 보상, 안치 비용(있는 경우 지급, 없는 경우도 있음)을

지급해야 하며,

획발의 경우 : 출양금은 지급하지 않지만 경우에 따라서는 원주민들에 대한 보상, 안치 비용(있는 경우 지급, 없는 경우도 있음)을 지급해야 합니다.

2... 중국측의 성격

위 공업개발구총회사(중국측)의 성격에 대해 파악하시기 바랍니다. 중국에서 토지 출양이나 획발을 결정할 수 있는 주체는 중국의 현급 이상 인민정부 토지관리부문 등입니다. 중국측이 위와 같은 정부관리부문이거나 혹은 위 권리를 위임받은 부문인지를 확인하시기 바랍니다.

혹은 중국측이 회사이고 이미 중국 정부부문으로부터 위 토지를 출양 받은 상태여서 위 토지를 다시 개발구 입주사들한테 양도하거나 무상임대할 권리가 있는 경우라면 중국측이 〈국유토지 사용권증〉을 갖고 있는지 확인하기 바랍니다. 또 개발구의 토지가 농민들의 토지를 징수해서 개발된 것이라면 집체토지를 국유토지로 변경하는 과정에 여러 가지 보상비용을 지급해야 되는데 이 비용은 이미 지급된 것인지도 확인하시기 바랍니다.

3... 획발과 출양의 모순

중국측에서 일정한 면적의 토지를 귀사에 '획발' 방식으로 무상으로 제공해 사용하게 한다고 되어 있는데 별첨을 고려하지 않는다면 50년간 무상으로 사용하는 것으로 이해할 수는 있습니다. 단 문제 되는 점은 위 획발이 출양금, 보상, 안치 등 비용을 모두 지급하지 않아도 되는지를 확인할 수 없습니다.

별첨의 정부규정은 무상 ‘획발’ 이 아닌 유상 ‘출양’ 경우인데 이는 계약서의 ‘무료제공’ 이라는 내용과 모순 됩니다.

4... 계약서와 별첨의 효력

계약서에 계약서와 별첨은 같은 효력을 가진다고 했는데 여기의 별첨은 제반 개발구에 통일적으로 적용되는 정부문건입니다. 그러므로 원칙대로 하면 중국측과 토지, 건물에 관련한 계약을 체결함에 있어 위 부속문서의 제반 규정에 부합되어야 합니다.

단, 중국측과 위 부속문서 제정 정부부문이 동일한 주체이거나 제정 정부부문의 동의하에 계약서의 효력이 부속문서의 효력보다 앞설 수 있습니다. 그러므로 가능하다면 위 계약서에서 별첨을 빼버리는 것이 좋습니다.

아파트 매수 및 임대

저는 북경에 아파트를 구입한 뒤 임대를 하려고 합니다. 그곳 부동산업자 이야기로는 외국인인 나도 외국인이 구입 가능한 아파트를 구입할 시 중국은행으로부터 융자를 받을 수 있으며, 임대료로 그 융자금을 내고도 일정 수익이 생긴다고 하는데 저도 중국은행으로부터 융자를 받을 수 있는지요? 그렇게 해서 생긴 이익을 한국으로 송금하는 데에는 문제가 없는지요?

중국은 지금 우리나라가 2004년에 시행하고 있는 모기지 제도를 벌써 시행하고 있습니다. 즉 중국인일 경우 아파트를 구입할 시 일정 자격요건만 갖추면 아파트 매매대금의 20%만 지급하면 나머지 80%를 은행에서 융자할 수 있고 매달 은행에 원금과 이자를 갚아 나가면 됩니다.

그러나 외국인이 이렇게 아파트를 구입한 뒤 중국은행으로로부터 융자를 받으려면 일반적으로 중국거주 연한증명, 거류증명 등 서류를 구비해야 합니다. 외국인일 경우 중국인과 마찬가지로

20%를 지급해야 하고 나머지 80%를 융자 받을 수 있는 것이 중국은행의 일반적인 규정입니다. 실제 위 융자관련 서류는 부동산 소개회사에서 나름으로 아는 회사를 통해 작성해 갖추어 주고 있기도 하다고 듣고 있습니다. 적법하지는 않지만요.

위의 서류를 갖추어 아파트 건설 시행업체인 중국 부동산개발회사와 융자를 해주는 은행, 귀하가 3자 계약을 체결하는데 융자은행은 위 부동산 개발회사에서 지정한 은행이어야 하며, 보통 그 계약의 내용은 아래와 같습니다.

◪ 중국은행 북경분행 기준

1... 융자금액의 제공방법과 금액

대출금액, 대출이자, 대출기간, 대출방법(대출은행에서 부동산 개발회사가 중국은행에 개설한 구좌에 일차적으로 지급)

2... 융자금의 상환방법

건물구매자의 대출상환 계획(대출은행에서 매달 일정금액을 구매자가 대출은행에 개설한 구좌에서 공제, 수취한다는 등의 내용)

3... 건물저당과 보험

건물구매자는 구매한 건물로 대출은행에 저당담보를 제공해야 하는데 구매자가 어떠한 원인으로 기간이 만료된 채무를 이행할 수 없을 경우 대출은행이 저당권자로서 우선적으로 상환받을 권리를 가지며, 저당담보 범위는 대출계약의 대출원금 및 이자, 위약금(벌금이자), 손해배상금 및 대출은행이 저당권을 실현하는 데 사용한 비용 등입니다. 구매자는 저당기간에 저당건물과 관련해 재산보험에 가입해야 하며, 대출은행을 제일(第一) 수익인으로 해야 한다는 것 등입니다.

4... 부동산개발회사의 보증

5... 그 외 기타 가능한 방식의 담보, 위약책임, 계약변경, 채권/채무양도, 적용법률과 분쟁의 해결, 계약 유효기간, 별첨 등 내용이 있습니다.

중국에서 아파트를 구입하면 우리나라의 등기권리증과 같은 방산소유권증, 즉 아파트 소유권증을 관할 방산관리국에서 발부해 주는데 위와 같이 은행으로부터 융자를 받아서 아파트를 구입하게 될 시 방산소유권증은 은행이 보관하게 됩니다.

융자대출자가 융자금을 완납하게 되면 방산소유권증을 구입자에게 반환해 주며, 융자대출금 완납하기 전에 아파트를 제 3자에게 매도할 경우 새로운 매수자가 그 융자대출금을 부담하고 구입하게 될 시 방산소유권증의 소유자 명의만 변경한 뒤 그대로 은행이 위 소유권증을 보관합니다.

중국은행도 결국 위 아파트를 담보로 해 융자를 해주지만 우리나라의 경우 아파트를 담보로 은행에서 대출 받을 경우 등기부상에 저당권자로 은행이 기재되는 것과 다르지요.

귀하의 경우 아마 중국 내에서 일정수입을 올리는 고정적인 일자리를 가지지 않고 단순히 투자 목적에서 북경에 아파트를 구입하려고 하는 경우라고 보여집니다.

이런 경우 한국에서 중국으로 매매대금을 송금하는 데에도 우리나라의 외환관리법상 규정을 지키지 못하고 송금해야 되는 어려움이 있으며, 설사 중국에서 융자에 대한 관련서류를 불법으로 작성해 융자를 받는다 해도 그 임대이익을 중국법상 적법한 절차를 거쳐서 한국으로 송금할 수 없게 되는 여러 가지 위험을 감수해야 함을 고려해 결정하기 바랍니다.

Tip | 한국기업 대중국투자 현황

2003년 1~11월 중국정부가 새로 허가한 한국자본 투자는 4,414건, 계약금액은 80.7억 달러(USD), 실제 사용금액은 40.5억 달러로서 전해 동기에 비해 각각 20.8%, 72.0%, 62.7% 늘어났다. 2003년 10월 말까지 중국정부가 허가한 한국자본 투자는 총 6,396건이며, 계약금액은 344.79억 달러, 실제 사용금액은 187.88억 달러이다. 한국 기업의 대중국 직접투자는 투자금액을 기준으로 하면 순위는 산동성, 강소성, 천진시, 북경시, 요녕성, 상해시이며 한국 전체투자 건수의 80% 가량이 제조업에 속한다.

건물 건설과 매입

1. 산동성 청도시 지역에서 사무실용 건물을 일반지역(공업지역을 제외한 주거지역이나 상업지역)에서 토지를 매입해 건축할 수 있습니까? 만약 건축이 가능하다면 제가 사용권과 보상권 등의 권리를 가질 수 있는지요?

2. 파견주재원의 주거용 건물을 매입할 수 있습니까? 이때 제가 알기로는 매매가 가능한 상품방을 구입해야 한다고 하는데, 그 구체적인 조건이 어떻게 되는 것입니까?

Answer

1... 각 도시마다 도시발전 건설계획이 있을 겁니다. 위 사무실 건설이 그 도시발전계획에 부합되고 사무실을 건설하려는 토지가 국유토지로서 출양이 가능하다면 건축건설이 문제없을 것입니다.

토지사용권은 토지를 출양받거나 양도받아 〈국유토지 사용증〉을 취득하면 보장이 되고 정부에서 공공이익을 위해 위 토지를 회수할 경우 토지와 건물에 대해 적당한 보상을 주도록 출양계약 등에 규정하면 됩니다.

토지출양계약은 일반적으로 중국 토지관리부문의 기본계약서를 사용하며 보상에 대한 내용도 규정하고 있습니다. 그러므로 사무실 건설에 적합한 토지를 발견하셨다면 그 부지관리부문에 그 토지에 대한 정부계획을 알아보아야 합니다. 예를 들면, 그 토지는 '건설용'이라든지 '주거용'이라든지 등등.

2... 이전에는 아파트가 내국인과 외국에게 판매하는 두 가지 종류로 구분되었으나 지금은 이러한 구별이 없어지고 있는 추세입니다. 그 외 상품용과 경제적용으로 나누어지는데 북경의 경우 경제적용은 정부에서 건설하는 아파트며, 소득이 3000위안 / 월 이하인 북경시 주민만이 매입 가능하고 상품용은 누구나 매입 가능합니다.

공장 설립 절차

북경 순의구에 합자회사를 설립, 비준을 받았으며 지금 공장을 건설하려고 하고 있습니다. 공장은 한국에 있는 본사공장과 같은 제품을 생산하게 되므로 본사공장과 똑같은 구조로 지으려고 하고 있는데 다시 중국에서 설계해야 하나요? 공장 설립 절차는 어떻게 진행되는지요?

Answer

한국의 공장설계도를 그대로 이용해 바로 중국에서 건설업자에게 공장건설을 맡기고 공장을 지을 수는 없습니다. 중국의 설계원에게 다시 설계를 맡겨서 절차를 밟아야 합니다.

공장건설 절차는 다음쪽의 그림과 같습니다.

※ 지역에 따라 순서에 차이가 있을 수 있습니다. 북경에서도 북경시 경제기술개발구의 경우 환경영향평가와 공안소방심의를 토지 출양계약 전에 통과해야 함.

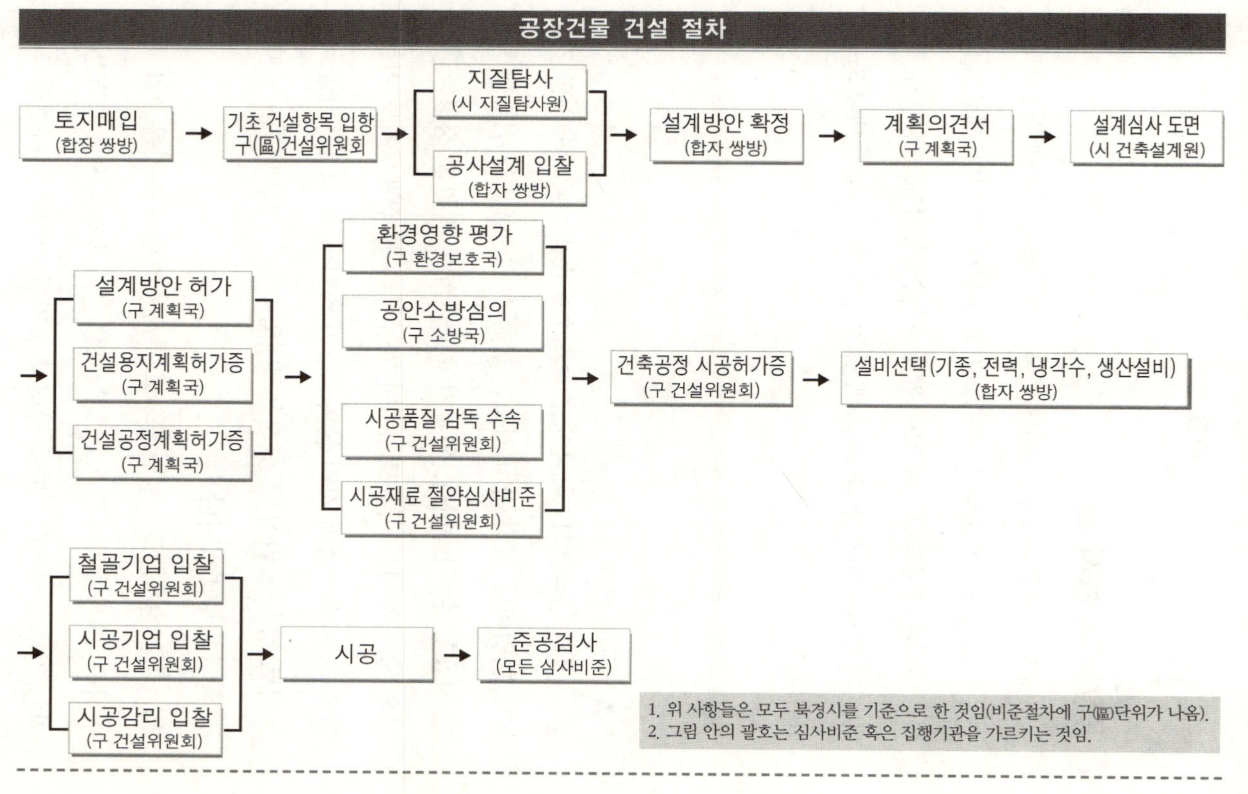

공장건물 건설 절차
토지매입 (합장 쌍방)
기초 건설항목 입항 구(區)건설위원회
지질탐사 (시 지질탐사원)
공사설계 입찰 (합자 쌍방)
설계방안 확정 (합자 쌍방)
계획의견서 (구 계획국)
설계심사 도면 (시 건축설계원)
설계방안 허가 (구 계획국)
건설용지계획허가증 (구 계획국)
건설공정계획허가증 (구 계획국)
환경영향 평가 (구 환경보호국)
공안소방심의 (구 소방국)
시공품질 감독 수속 (구 건설위원회)
시공재료 절약심사비준 (구 건설위원회)
건축공정 시공허가증 (구 건설위원회)
설비선택(기종, 전력, 냉각수, 생산설비) (합자 쌍방)
철골기업 입찰 (구 건설위원회)
시공기업 입찰 (구 건설위원회)
시공감리 입찰 (구 건설위원회)
시공
준공검사 (모든 심사비준)
1. 위 사항들은 모두 북경시를 기준으로 한 것임(비준절차에 구(區)단위가 나옴).
2. 그림 안의 괄호는 심사비준 혹은 집행기관을 가르키는 것임.

공장부지, 융자 등

국내에 있는 공장과 같은 설비를 중국에 설치해 중국에서 생산된 제품을 수입해 사용하려 합니다. 펄프몰드 용기 생산설비이며, 원료는 외국에서 수입해 완제품 생산해 전량 한국에서 수입합니다. 공장부지, 투자비 대비 현지에서 자금 융자한도액 등등 구체적인 사항에 대해 도움을 바랍니다.

A |n|s|w|e|r|

1... **공장부지** : 중국에는 토지소유권은 국가소유이며 개인이나 기업이나 여러 가지 경로를 통해 토지사용권을 취득해 토지를 사용할 수 있습니다. 외국인이 중국에서 기업을 경영하려 할 경우, 공장부지는 국유토지여만 가능합니다. 집체토지도 가능한 경우가 있지만 여러 가지 불확실성이 있어서 위 집체토지를 국유토지로 징수한 뒤에 출양(사용권매입) 받거나 임대하는 것이 가장 확실한 방법입니다.

2... **자금 융자한도** : 일반적으로 투자총액과 등록자본금의 차액입니다. 예를 들면, 투자총액이 90만 달러고 등록자본이 70만 달러일 경우 그 차액인 20만 달러가 융자한도입니다. 사실상 위 비

율을 초과해서 융자하는 경우도 있습니다. 그리고 귀하가 질문한 구체적인 공장부지를 담보로 대출을 맡을 경우, 공장부지 평가액의 몇 퍼센트까지 대출을 가능한지는 지역마다 융자기관마다 다르며 협상하기에 달렸습니다.

중국인민은행의 규정에 따르면 일반적으로 최고 평가액의 70% 이상을 초과하지 못하는데 중국은행 북경분행의 경우 일반적으로 70%보다 더 적습니다. 그리고 평가는 은행에서 지정한 평가기구에 의뢰해야 합니다.

Tip | 상해시 5대 분야에서 '사원(社員)부자' 속출

최첨단 분야에서 "打工(회사인으로 채용되어 일함)"으로 얻는 것은 제일 높은 수입이다. 유명 노동인사자문기관의 최신 조사에 따르면 국제 유명 외자기업의 제조업 공장장, 외자은행 주관(매니저), 다국적기업 혹은 국제 유명기업 재무총감, 외자4성급 혹은 5성급 호텔 고급주관 및 다국적기업 중국본부 시장총감 등 5개 분야에서 백만부자가 대거 나오며, 위 5개 분야에 종사하는 인원의 연간 수입은 백만 원에 이르거나 그 이상이라고 한다.

외국직원 보수/대우계약

우리 회사는 중국과 합자법인을 만든 상태입니다. 현재 한국에서는 일이 그다지 많지 않아 한국측 직원들의 일부가 합자법인에서 일하기로 하였지요. 그러면 그 인원들을 어떻게 관리해야 하는지요? 이건 해외지사에 파견 근무가 아닌 새로운 회사에 근무를 하는 것이기 때문에 직원들은 한국회사와는 별도로 중국회사와 노동계약을 체결해야 하는 건가요? 한국측 회사에서 파견근무 형태로 처리를 해도 되는 건가요? 어느 편이 직원들한테 유리한 것인지 좀 가르쳐 주십시오. 한국회사에서 직원을 중국의 새로운 회사로 파견 보내고 중국의 새로운 회사와 한국회사는 직원들의 임금에 대한 계약서를 체결해서 처리해야 하는 건가요? 아직도 개념이 잘 서지 않는군요.

|n|s|w|e|r|

합자회사의 경우 외국측(한국)에서 합자회사에 파견한 인원에 대해서는 〈합자계약서〉〈합자회사정관〉 규정 외에 외국측 즉 귀사와 중국에 설립한 합자회사간에 별도로 〈외국인직원 계약〉을 체결해 귀사에서 합자회사에 파견하는 인원의 임금, 복지, 휴가, 휴가/출장비용, 보험, 주택, 교통비용 등에 대해 합의를 봄

니다. 위 내용에 대해서는 귀사와 합자회사의 사정에 따라 자유
롭게 결정할 수 있으나 귀사에서 파견하는 직원들은 중국에서 근
무하는 것만큼 중국노동법 등 관련 법률의 보호를 받습니다.

　일반적인 경우의 외국인직원 고용계약에 있어서의 고용조건
은 다음과 같은 것을 합의합니다.

① 중국에서의 월급 및 보험 – 일반적으로 월급은 합자회사에
　서 한국의 월급을 기준해 지급하는 것으로 정한다(보통 월
　미화 ○○달러 지급으로 함).

② 출장과 휴가에 대한 조건 – 출장시 몇 성급 호텔 숙박가능
　과 비행기 이동시 이코노믹 등급, 휴가는 1년에 1번, 한국
　으로 갈 경우 비행기 왕복권 제공 등

③ 중국에서의 주택제공에 대한 조건 – 방이 ○개 있는 130평
　방미터를 합자회사에서 제공한다.

④ 중국에서의 출퇴근 교통 등에 대한 조건 – 출퇴근용 차량
　을 제공한다.

⑤ 중국에서의 근무조건 및 휴식일에 대한 조건 – 중국의 근
　로기준법에 의한다.

외국인직원 파견과 외국인 현지고용

외국인 취업시 파견근무 형태와 현지 고용 2가지가 있다는데 한국 직원들의 가족들의 보험이나 여기 중국 회사가 아직 안정이 안 된 상태이므로 한국에도 퇴사 처리하지 않고, 가족수당 명목으로 최소 월급을 지급하고 중국 현지에서 현지 고용하는 형태로 모든 서류를 정리해도 아무런 문제가 없는지요?

A|n|s|w|e|r|

파견근무 형태를 취하는 경우가 많은데 한국에서의 수당, 보수에 대해서는 파견인원과 한국본사에서 별도로 처리하고, 단 중국에서의 보수, 복지에 대해서는 한국본사와 중국의 합자회사가 협상해 결정하는 것입니다. 따라서 한국에서 퇴사 처리하지 않고 가족수당 명목으로 최소 월급을 지급하든지 아니면 직원명의로 지급하든지 중국 현지에서 받는 월급과는 상관이 없습니다. 현지고용의 형태, 즉 한국본사에 소속되지 않는 사람을 고용할 때는 파견근무 형태가 아니므로 중국 합자회사와 피고용인이 바로 근로계약을 체결하면 되며, 한국본사와 중국 합자회사간에 별도의 계약을 체결할 필요가 없습니다.

파견 형태가 아닌 출장 형태의 수당지급

저희들은 중국에 합자회사를 설립했습니다. 저희는 합자회사에 직원을 파견근무하는 것이 아닌 일이 생길 때마다 합자회사로의 출장 형태로 처리하기로 하고 임금은 한국에서 지불하고 출장에 따른 해외출장 수당과 일비를 중국에서 지급하기로 했습니다. 그렇다면 한국과 중국 사이에 파견근무에 대한 계약을 체결해서 그에 대한 협의 사항을 넣어서 처리하면 되는가요? 그렇게 되면 한국에서 파견되는 직원들은 외국인 고용계약을 체결하지 않아도 되는 건지요? 출장비를 중국에서 개인에게 지급할 때 근거 서류는 양측 회사가 체결한 계약서를 근거하면 회사 세무처리상에 아무런 문제가 없는 건가요?

Answer

합자회사 고용 형태가 아닌 해외출장 수당과 일비를 중국에서 지급하는 것이라면 외국인 고용계약을 체결할 필요가 없으며, 그런 계약을 체결할 근거도 없게 됩니다. 출장수당 형태를 취할 경우, 위 출장의 명목이 주로 합자기업 고용인원들에게 기술지도를 하고 기타 기술문제를 해결하는 것이라면 기술원조계약을 체결해 출장수당과 일비를 확정하면 됩니다. 위 계약을 근거로 세무처리를 하는 데는 별 문제가 없을 것입니다.

기술계약은 일반적으로 대외경제무역위원회(혹은 상무부분)의 기술관리부서 정부부문에 등기해야 하는 위와 같은 기술원조 계약의 경우도 등기가 필요합니다. 등기여부가 기술계약의 효력에는 영향을 주지 않지만 기술원조를 받는 중국회사 혹은 기술을 이전 받는 중국회사에서 국외로 송금하려면 외환관리국 절차를 받아야 하는데 위 절차에 기술계약 등기증명이 필요하므로 사실상 꼭 등기를 해야 합니다.

마지막으로 말씀드리고 싶은 것은 위 계약은 귀사와 중국파트너 회사가 체결하는 것이 아니라, 귀사와 합자회사(귀사와 중국파트너가 함께 투자해 설립한 회사)가 체결하는 것입니다.

Tip | **중국의 경작지 현황**

경작지 면적이 지속적으로 감소되어 2003년 건설프로젝트가 22.9만 헥타르의 경작지를 점했으며, 재해로 인한 경작지 훼손 면적이 5.0만 헥타르이다. 환경 원인으로 줄어든 면적이 223.7만 헥타르이고, 농업구조조정으로 줄어든 면적이 33.2만 헥타르이다. 토지 정리, 복구, 개발로 31.1만 헥타르가 보충되었다. 2003년 줄어든 경작지 순면적은 253.7만 헥타르이다.

내수판매와 수출 비율

중국측에 독자기업을 설립하려고 합니다. 중국 정부기관으로부터 받은 기본 정관 규정을 살펴보니 내수/수출 비율이 적혀져 있는데 이를 꼭 지켜야 하는지요? 저희들은 일단 회사를 설립한 후 만든 제품을 한국으로 들여 올려고도 하고 있지만, 또한 차츰 중국 내수시장을 노려서 중국 내에서 많이 팔려고 하거든요?

A 1990년의 〈중화인민공화국 외자기업 실시세칙〉에 의하면 모든 외자기업의 국내판매와 수출, 즉 내수와 수출 비율을 정하도록 규정하고 있고, 이 비율은 대외경제무역위원회 주관 부분의 허가를 받고 그대로 집행해야 했는데 2001년 4월 위 법 개정시 위 내수/수출 비율에 대한 규정을 삭제했으므로, 위 비율은 합자회사 내부에서 기업경영 상황에 따라 자체적으로 자율적으로 시행하면 됩니다.

그러므로 위 비율을 굳이 계약서나 정관에 명시할 필요도 없을 뿐 아니라 회사 사정에 따라 유동적으로 시행하면 됩니다. 관련 비준기구에서 옛날에 사용하던 서식을 그대로 한국기업에 보내는 경우가 있는데 귀사의 경우도 아마 이 경우가 아닐까 합니다.

합자 · 합작 기업의 내수판매와 수출비율 문제도 마찬가집니다.

Tip | **중국 각 성(시,구) 근로자 평균임금(2002년)**

단위 : 원

지역	연간평균임금	순위	지역	연간평균임금	순위	지역	연간평균임금	순위
북경	21,852	3	안휘	9,296	29	사천	11,183	15
천진	16,258	6	복건	13,306	9	귀주	9,810	24
하북	10,032	21	강서	9,262	30	운남	11,987	10
산서	9,357	28	산동	11,374	14	티벳	24,766	1
내몽고	9,683	25	하남	9,174	31	섬서	10,351	20
요녕	11,659	11	호북	9,611	26	감숙	11,147	16
길림	9,990	22	호남	10,967	17	청해	14,472	7
흑룡강	9,926	23	광동	17,814	5	영하	11,640	12
상해	23,959	2	광서	10,774	19	신강	11,605	13
강소	13,509	8	해남	9,480	27			
절강	18,785	4	중경	10,960	18			

외상투자기업 소득세

중국에 단독으로 투자해 회사를 설립하려고 하는데 중국의 어떤 기업소득세 우대정책이 있는지 알고 싶습니다.

외상투자기업은 일반적으로 납세소득 금액에 30%의 기업소득세와 납세소득액의 3%의 지방소득세를 납입합니다. 그리고 경제특구, 경제기술개발구와 같은 특별지역에 설립한 생산업종인 경우 24% 혹은 15%나 기타 비율로 기업소득세를 납입합니다. 여기서 납세소득 금액이란 매 납세연도 수입총액에서 원가, 비용 및 손실을 뺀 나머지를 말합니다.

생산성 외상투자기업은 일반적으로 경영기간이 10년 이상인 경우 이윤을 낸 해부터 첫해와 두 번째 해는 기업소득세를 전부 면제하고, 세 번째 해부터 다섯 번째 해까지는 절반 면제합니다.

외국인투자기업의 외국인투자자가 기업으로부터 얻은 수익을 다시 그 기업에 투자해 등록자본금을 증액하거나, 자본금으로 기타 외국인 투자기업을 설립하고 경영기한이 5년 이상이면 다시 투자한 부분 중 이미 납부된 소득세 세금의 40%를 되돌려 줍니다. 그리고 직접적으로 다시 투자해 수출기업이나 선진기술기업을 설립, 확대 건설하면 다시 투자한 부분 중 이미 납부된 기업소득세 세금을 전부 돌려줍니다.

그 외 수출기업, 선진기술기업(질문 82번과 83번을 참조) 에너지, 교통, 항구, 부두, 농업, 임업, 목축업 경제가 발달하지 않은 벽촌 지역의 외상투자 기업 등 경우에 특별한 우대정책이 있습니다.

Tip | **화장품은 의료효과를 선전하지 못한다**

현재 일부 화장품과 목욕액이 "항균, 압균, 제균" 효과를 가지고 있다고 과대 선전을 하고 있는 상황에 비추어 중국 위생부는 "화장품은 의료효과를 선전하지 못한다"는 공고를 하였다. 위생부는 화장품의 선전은 화장품의 정의 범위 내에서 엄격히 진행해야 하고, 효과를 암시해서는 안 되며 특수 용도용 화장품이 아니면 특수효과를 선전하지 못한다고 강조하였다. 2005년 7월 1일부터 새로 생산하는 화장품은 그 포장, 표식, 설명서 그리고 기타 선전자료에 항균, 압균, 제균 및 기타 의료효과를 선전하거나 암시하지 못하게 되어 있다.

수출가공구 세금제도

중국의 수출가공구에 수출가공기업을 세우려고 합니다. 중국에 어떠한 유명한 수출가공구가 있으며, 수출가공구의 여러 가지 세금제도에 대해 알고 싶습니다. 그리고 수출가공구에 수출가공기업을 위해 서비스를 제공하는 기업들은 어떤 기업들이 있는지 궁금합니다.

Answer

수출가공구란 항구나 공항 근처 등 교통이 편리한 지역의 일정 구역내에 물, 전기, 도로, 통풍, 공장건물 등 인프라를 잘 건설하고 우대정책으로 외국투자를 유치하는 지역인데 위 구역은 생산한 제품을 국외로 수출하는 가공무역 기능만 갖고 있습니다. 수출가공구에는 수출가공기업 및 관련 창고저장, 운송기업을 설립 할 수 있으며, 상품소매, 일반무역, entrepot trade 및 기타 가공구와 관계 없는 업무는 경영하지 못합니다.

중국은 2000년에 처음으로 대련수출가공구, 천진수출가공구, 북경천축수출가공구, 산동위해수출가공구, 광동광주수출가공구, 길림훈춘수출가공구 등 15개 국가급 수출가공구를 설립한 이래 많은 수출가공구를 설립했는데 중요한 수출가공구는 다음 표와 같으며, 수출가공구의 설립은 국무원에서 허가한 기존 경제기술 개발구 내에만 가능합니다.

煙台수출가공구 威海수출가공구	昆山수출가공구	蘇州공업구수출가공구
廈門수출가공구	廣州수출가공구	杭州수출가공구 上海松江수출가공구
		武漢수출가공구

大連수출가공구 天津수출가공구 북경 天竺수출가공구

金橋수출가공구 重慶수출가공구	鄭州수출가공구	寧波수출가공구
秦皇島수출가공구	南通수출가공구	無錫수출가공구 蕪湖수출가공구
		西安수출가공구

훅호트수출가공구 상해靑浦수출가공구 상해漕河涇수출가공구 상해閔行수출가공구

南京수출가공구	鎭江수출가공구	連云港수출가공구
靑島수출가공구	沈陽수출가공구	濟南수출가공구 蘇州高新區수출가공구
		嘉興수출가공구

北海수출가공구 /우루무치수출가공구

◪ 세금제도에 관해서는

1... **가공구내에서**

가공구내에서 제품을 가공하는데 대해 증치세는 내지 않습니다.

2... **외국으로부터 가공구로**

중국이 아닌 외국으로부터 가공구로 들여오는 원자재나 설비 등
물품에 대한 수입관세와 수입절차 증치세에 대해 법률에 별도의
규정이 있는 경우를 제외하고 다음과 같이 처리합니다.

① 가공구내 생산성 인프라 구축에 필요한 기계, 설비와 생산
   에 쓰일 공장건물, 저장시설 건설에 필요한 기본 건설물자
   는 면세합니다.
   가공구내 기업의 생산에 필요한 기계, 설비, 금형 및 그 보
   수에 쓰이는 부품은 면세합니다.
② 가공구내 기업의 수출제품 생산에 필요한 원자재, 부품,
   원기건(元器件), 포장재료 및 소모성 재료는 보세, 즉 잠시
   납입하지 않습니다.
③ 가공구내 기업과 행정관리기구 자체 사용 교통운송도구,
   생활소비품은 수입물품 관련 규정대로 세관신고를 하며
   세관에서는 규정대로 세금을 징수합니다.

3... 가공구에서 외국으로

가공구내 기업이 가공한 완제품 및 가공과정에서 생긴 나머지 재료, 하자품, 폐품 등을 외국으로 판매할 때 특별한 법률 규정이 있는 것을 제외하고는 수출관세를 내지 않습니다.

4... 가공구에서 가공구 밖 중국의 기타 지역으로

① 제품을 가공구에서 가공구 밖 중국의 기타 지역으로 운반할 때, 즉 내수판매할 경우 물품을 수입하는 절차대로 세관신고를 해야 하며, 완제품으로 간주해서 수입관세와 수입절차 증치세를 내야 합니다.

② 가공구내 기업이 가공과정에서 생긴 나머지 재료, 하자품, 폐품 등은 다시 외국으로 내보내야 하는데 특별한 사정에 의해 가공구 밖 중국의 기타 지역으로 보내야 할 경우, 내수판매 규정을 적용해 세금을 내야 합니다. 상업가치가 없는 폐품 등을 가공구 밖의 중국의 기타 지역으로 보내 소각할 경우 면세합니다.

5... 가공구 밖 중국의 기타 지역에서 가공구로

가공구 밖 중국의 기타 지역에서 가공구로 들어오는 물품에 대해서는 수출로 간주하며, 수출세관신고 해야 하며, 수출관세환급에 대해서는 별도의 규정 외에 다음 같이 처리합니다.

① 가공구 밖의 중국의 기타 지역에서 가공구로 들어오는 중
국에서 제조한 기계, 설비, 원자재, 부품, 원기건, 포장재
료 및 인프라 구축, 가공기업과 행정관리부문의 생산, 사
무용건물 건설에 필요한 합리적인 수량의 기본 건설물자
등에 대해 수출물품에 대한 규정대로 세관신고를 하며, 세
관에서 수출관세환급 세관신고서를 발급합니다. 가공구
밖의 중국의 기타 지역의 기업은 세관신고서에 근거해 세
무부문에 수출관세환급 절차를 밟으며, 구체적인 환급방
법은 국가세무총국의 규정을 따릅니다.

② 가공구 밖의 중국의 기타 지역에서 가공구로 들어오는 가
공구내 기업과 행정관리기구에서 사용하는 생활소비품,
교통운송 도구 등에 대해 세관에서는 수출관세환급 신고
서를 발급하지 않습니다.

③ 가공구 밖의 중국의 기타 지역에서 가공구로 들어오는 수
입기계, 설비, 원자재, 부품, 원기건, 포장재료, 기본 건설
물자 등에 대해 가공구 밖의 기업은 세관에 위 물자 혹은
물품의 리스트를 제공해야 하며, 수출세관 신고절차를 밟
아야 합니다. 위 화물 혹은 물품의 수입환절세금을 이미
납입한 경우는 환급하지 않습니다.

④ 중국내 기술이 제품요구를 만족하지 못해, 국가에서 수출
을 금지하거나 통일적으로 경영하는 상품을 가공구내에서

가공해야 할 경우 상무부의 허가를 받아야 하며, 가공구에 들여간 물품에 대해서는 수출관세환급 세관신고서를 발급하지 않습니다.

위와 같은 세금정책 외에 수출가공구마다 별도의 우대정책이 있기도 합니다.

외상투자 수출형 기업

저희 회사는 수출/내수판매를 모두 하고 있습니다. 외상투자 수출기업으로 평가되면 좋다는 얘기를 들었는데 수출형 기업이란 무엇이며 어떤 혜택을 있는지요?

Answer

귀사가 회사소재 지역에서 이미 외상투자 수출기업으로 승인 받았으면 수출이 총매출에서 차지하는 비율이 일정 수준에 도달할 경우 세금혜택을 포함한 수출형기업에 대한 현지 정부의 소득세, 이윤송금 등 여러 가지 방면의 혜택을 받을 것입니다. 수출비율이 위 수준에 도달하지 못하면 위와 같은 정부혜택을 받을 수 없게 되겠지요.

우대정책은 주로 1986년의 〈외상투자 장려에 대한 국무원의 규정〉에 근거하는데 오래된 규정이므로 지방마다 약간의 변동이 있을 수 있으므로 회사를 설립하려는 지역의 정부부문에 자문하는 것이 바람직합니다.

위 규정에 따르면 외상투자기업들이 제품수출 기업으로 확인 받으려면 일반적으로 다음과 같은 조건을 만족해야 합니다.

1··· 반드시 수출제품을 생산하는 기업이어야 하고, 연간 수출액 (기업 자체 수출, 대외무역회사를 통한 수출 등 방식)이 당해 기업 제품 총매출의 50% 이상이어야 하며, 당해 영업 외환 수입이 당해 영업 외환 지출보다 많아야 하고(전년도 잔액은 포함하지 않음), 당해 이윤이 있어야 합니다.

수출기업의 우대정책으로 일반적으로 세법대로 국가 기업소득세를 감면(이윤을 낸 해부터 첫해와 두 번째 해는 기업소득세를 전부 면제하고, 세 번째 해부터 다섯 번째 해까지는 절반 면제)하는 기간이 만료된 후, 당해 수출비율이 제반 제품의 70%에 달하면 기업소득세를 세법에 규정한 세율의 절반만 납입하는 것 외에 지역마다 조금씩 차이가 있습니다.

예를 들면, 제남고신구, 정주경제기술개발구 및 천진의 경우 다음과 같은 더 우대적인 혜택이 있습니다

산동성 제남 : 외상투자 제품수출기업일 경우 세법대로 기업소득세를 감면하는 기간이 만료된 후, 당해 수출비율이 제반 제품의 70% 이상이면 기존에 15%(중국의 일반 외상투자기업일 경우 기업소세율은 30%이고, 생산성의 외상투자기업일 경우 25%임) 세율대로 기업소득세를 납입하던 것을 10% 세율대로 기업소득세를 납입할 수 있습니다.

하남성 정주 : 외상투자 제품수출기업일 경우 세법대로 기업소득세를 감면하는 기간이 만료된 후, 당해 수출비율이 제반 제품의 70% 이상이면 10% 세율대로 기업소득세를 납입합니다.

천진 : 외상투자 제품수출기업일 경우 세법대로 기업소득세를 감면하는 기간이 만료된 후, 당해 수출비율이 제반 제품의 70% 이상이면 천진시 시내 기업일 경우 12% 세율대로 기업소득세를 납입하고, 천진시경제기술개발구 기업일 경우 10% 세율대로 기업소득세를 납입합니다.

Tip │ **중국 화장품 생산업체의 반은 광동에 있다**

불완전한 통계에 의하면 광동성의 화장품산업은 중국 화장품 업계의 절반 가량을 차지하고 있다. 중국에는 현재 4,000여 개의 화장품 업체가 있는데 그 중 광동성에 2,000여 개 있으며, 연간 판매액이 5억 인민폐 이상인 10여 개 화장품업체 중에서 4개가 광동성에 있다. 그 외에 국외 화장품브랜드의 80%가 광동항구를 거쳐 내륙시장으로 들어 오며, 현재 154만 개의 미장원 가운데 25만 개가 광동에 있다고 한다.

선진기술 기업

당사는 핵심기술을 가진 IT회사입니다. 중국시장에 진출하려고 하는데
하이테크기업에 대한 장려라든지 우대정책이 없는지요?

선진기술기업 평가는 회사 설립 후에 신청합니다. 선진기
술기업으로 평가받으려면 일반적으로 중국정부에서 장려하는 외
상투자 생산성 기업이어야 하고, 국제상 선진적이 실용적인 기
술, 가공방법, 설비 등이어야 하며, 생산한 제품의 품질, 기술성
능 등이 중국내에서 선진적이어야 합니다.

구체적인 평가는 정부부문에 합니다. 우대정책은 주로 1986
년의 〈외상투자 장려에 대한 국무원의 규정〉에 근거하는데 오래
된 규정이므로 지방마다 약간의 차이가 있으므로 회사를 설립하
려는 지역의 정부부문에 자문하는 것이 바람직합니다.

선진기술기업에 대한 우대정책은 일반적으로 세법대로 기업
소득세를 감면(이윤을 낸 해부터 첫해와 두 번째 해는 기업소득
세를 전부 면제하고 세 번째 해부터 다섯 번째 해까지는 절반 면
제)하는 기간이 만료된 후부터 3년간 기업소득세를 절반만 납입

하면 되며, 지역에 따라 위 정책보다 더 우월한 정책이 있을 수 있습니다.

예를 들면 하남성 정주의 경우 세법대로 기업소득세를 감면하는 기간이 만료된 후부터 3년간 10% 세율대로 기업소득세를 납입합니다.

단위 : 만명

지표	연말 수치	비율(%)
전국 총 인구	129,227	100.0
그 중 : 도시	52,376	40.53
농촌	76,851	59.47
그 중 : 남	66,556	51.50
여	62,671	48.50
그 중 : 0~14세	28,559	22.1
15~64세	90,976	70.4
65세 및 그 이상	9,692	7.5

085

외환수지 평형

당사는 중국에 100% 독자 외자기업을 투자 계획중입니다. 사업 타당성 검토 과정 중 의문사항이 있어 질의 드립니다. 중국이 WTO 가입 이후 외환이 전보다 많이 자유화된 것으로 압니다만, 외자기업법 시행세칙 제56조에 의하면 여전히 외화수지 평형을 기업 스스로 해결하도록 규정되어 있습니다. 즉 수출을 통해 외화를 벌어서 필요한 것을 사도록 하는 것으로 압니다.

당사는 건설기계부품인 롤서를 중국 연대시에서 생산해 중국 내 건설기계 업체들에게 팔 예정인데(현재는 한국서 만든 것을 수출해 공급 중) 중국산 부품의 품질이 아직 미지수라서 당분간 소요 부품(원부자재)을 본사에서 수입, 중국에서 조립 예정입니다. 그런데 상기 규정을 엄격히 적용할 때(즉 수입 LC 결재시 달러 환전 지불이 어렵다면) 경영상 큰 차질을 빚게 될 것을 걱정하고 있습니다.

중국공장에서 생산제품을 수출해서 외화를 벌 구도는 아니므로 수입에 필요한 외화를 스스로 확보해야 하는 어려움 때문에, 매달 부품 수입시 환전지불에 제동이 걸리느냐의 여부가 투자 결심을 하는 데 과제로 남아 있습니다.

A|n|s|w|e|r|

외화수지평형 자체 해결 규정은 2001년 4월 〈외자기업법 시행세칙〉 개정 당시 삭제된 조항입니다. 귀하가 알고 있는 〈외자기업법 시행세칙〉은 옛날 규정인 것 같습니다. 당시 개정된 내용이 적지 않으니 회사 설립 전에 새 법규를 참조하시기 바랍니다.

외화평형 규정은 1980년대 개방 당시 중국의 사정에 의해 제정한 것인데 1990년 후반에는 존재의 필요성이 적어졌고, 또한 WTO 가입 약속에서 〈무역과 관련한 투자정책협의〉 제2조의 '회원국은 외화평형에 대한 요구로 기업의 수입을 제한하지 못한다' 와 일치하지 않은 위 외화평형 규정을 취소할 것을 약속했습니다.

그러므로 외화평형 문제에 대해 걱정하지 않아도 되며, 연대라고 하면 진출한 한국기업이 많으므로 위 기업들을 통해 경영에 우려되는 점들을 확인하는 것도 바람직하다는 생각이 듭니다.

086

관세

이번에 중국 장사에 공장을 설립하게 되었습니다. 공장운영에 필요한 많은 기계설비들을 한국에서 제조해 중국에 들여가야 하는데 이러한 기계설비에 대해서 관세가 면세 되는지요? 그리고 회사에 필요한 자동차도 중국으로 보내고 싶은데 이 또한 면세가 가능한지요? 증치세도 부과될 수 있다는데 맞는지요?

한국에서 만든 기계설비가 중국 세관(해관)에서 통관절차를 거칠 때 관세와 증치세(부가가치세)를 내야 하는가의 문제인데, 중국법 규정상 일반적으로 중국에 설립하는 회사 경영범위가 〈외상투자산업 지도목록〉에서 장려항목에 속할 때 다음 기계설비에 대해서는 관세와 증치세를 면제해 줍니다.

1... 계약규정에 따라 공장건설 및 한국측이 출자하는 기계설비나 부속물과 합자기업의 공장건설 및 기계 등이 설치와 기계를 고정시키는 데 필요한 물자

2... 합자기업의 투자총액내 자금으로 수입하는 기계설비나 부속

물과 포장물자

3... 합자기업의 증자자본으로 수입하는 물자로서 중국내에서 생산, 공급을 보증할 수 없는 기계설비와 부속품

4... 합자기업이 수출제품 생산을 위해 국외로부터 수입하는 원자재나 부속물

그러므로 귀사가 중국에 보내려고 하는 기계설비는 관세와 부가가치세를 면세 받습니다.

참고적으로 귀사가 먼저 해당 세관에 들러서 귀사의 기계설비품목이 면세품목에 해당되는지를 확인하는 것이 좋으며, 만약 합자기업이 중국 법규정에서 설립을 제한하는 업종의 회사이면 비록 공장설비라도 면세가 되지 않을 수 있으니 더욱 조심해야 합니다.

그리고 면세를 받으려면 다음 절차에 따른 신청을 해야 합니다.

1... 외상투자기업은 계약서와 정관에서 규정한 출자액을 중국 관련 정부기관에 납부한 뒤 자본납입 검사를 받고 1개월 이내에 출자보고서를 세관에 제출해야 합니다.

2... 외상투자기업은 기계설비를 들여오기 전에 비준 받은 수입설비 명세서 등 서류를 관할 세관에 제출해 면세비준 수속을 밟아야 합니다.

3... 세관으로부터 중화인민공화국 〈해관 대외상투자기업 진구화물 면세증명〉을 교부받아야 합니다.

위 2항의 설비명세서는 소재지 관할 대외경제무역위원회(일부 지방은 상무부문으로 명칭 변경)에서 비준받으며 다시 관할 계획위원회에서 항목확인서를 받아서 세관에 제출해야 합니다.

위 항목확인서란 외상투자기업의 업종이 국가 장려항목에 속한다는 확인서를 말합니다. 한 가지 더 유의해야 할 사항은 신청서나 설비명세서에 기재할 기계설비의 명칭이 중국어로 정확히 표시된 것이어야 한다는 것입니다.

우리나라에서는 대부분 기계설비의 명칭을 영어나 일본어로 그대로 부르고 쓰는 것이 많은데 중국에서는 영어나 일본어로 된 명칭을 자기들 나라 언어인 중국어로 바꿔서 사용하는 것이 대부분이기 때문입니다. 일반적으로 관세는 물품에 따라 세율이 다르며 증치세는 17%를 부과하고 있습니다.

귀사가 중국에 들여가고 싶은 자동차는 비록 회사에서 공용으로 사용할 것이라 할지라도 면세가 되지 않습니다.

분쟁해결 방안 - 중재

이번에 중국 소주에 합자회사를 설립하게 되었는데 중국측이 보내온 합자계약서의 분쟁해결 조항의 분쟁해결기구가 현지 법원으로 나와 있군요. 그런데 중국 법원은 절차가 번거롭다고 할 뿐 아니라 지방보호주의에 의해 우리와 중국회사가 소송을 중국법원에서 하게 될 시 중국측에 유리하게 판결한다고 하던데 정말 그런지요? 그렇다면 어떻게 하는 것이 좋은지요?

합자회사 설립에 따른 분쟁해결은 꼭 법원을 통해야 한다는 규정이 없습니다. 위 분쟁은 일반적으로 중재를 통해 해결합니다. 중재기구 선택도 당사자들의 선택에 따르는데 중국의 중재기구를 이용할 경우 일반적으로 중국 국제경제무역 중재위원회를 이용합니다. 위 중재기구는 북경에 있으며 상해 등에 분회를 두고 있습니다.

중재조항 작성시, 합자 당사자 소속국이 아닌 제3국에 위치한 중재기구를 이용할 수 있는데 피중재측 소속국의 중재위원회를 이용하도록 규정하는 경우도 많습니다. 즉, 중국측이 피중재측일 경우 중국의 중재위원회에서 중재하고, 한국측이 피중재측일 경우 서울 소재의 대한중재상사원에서 중재한다고 약정하는 등 입니다.

일반적으로 중국에서의 소송은 우리나라의 3심제도와 달리 2심주의로 종결되는데 제 1심은 6개월, 제 2심은 3개월 내로 소송을 종결하도록 규정하고 있는데 경우에 따라서 길어지기도 합니다.

이에 비하면 중재는 위 소송의 1, 2심보다는 짧게 종결되며 중재판결 한번으로 분쟁이 종결됩니다. 중재비용은 일반적으로 소송의 1심 비용보다 높은 경우가 많습니다. 중재를 상해와 북경 두 군데 중 어느 한 군데로 정해 놓을 경우 중재위원의 자질은 지방의 판사보다 높다고 볼 수 있으므로 중재를 택하라고 권하고 싶습니다.

합자회사 설립 서류

중국 현지에 합작회사(제조업)를 설립하려고 합니다.

어떻게 해야 되는지 궁금합니다. 그리고 필요한 서류는 무엇이 있는지요?

Answer

중국에서 중국회사와 외국투자자가 합작해서 설립한 기업에는 중외합자경영기업과 중외합작경영기업 두 가지 형식이 있습니다. 질문에서 말하신 합작기업은 어느 형식을 가르키는지요? 합자기업은 중외 투자자가 중국경 내에 공동으로 투자해 설립하고 공동으로 경영하며 출자비율에 따라 이윤과 위험을 부담하는 기업이며, 합작기업은 중외 투자자가 중국경 내에서 합작기업 설립계약의 약정에 따라 수익, 제품을 분배하고 위험과 손실을 부담하는 기업입니다. 즉 전자는 출자비율에 기초하고 후자는 계약약정에 기초한 것입니다. 실제적으로 중국에 진출하는 대부분의 한국회사들은 합자기업 형식을 택합니다.

귀사에서 중국에 합자회사를 설립하려면 일단 합자회사 업종이 〈외상투자산업 지도목록〉 중에서 금지항목에 속하지 말아야 합니다.

설립은 합자회사 규모에 따라 대외무역경제 합작부 혹은 그 산하 수권기구(각 지방의 대외경제위원회)의 설립허가를 받은 후 공상등기, 기술감독국 등기, 세무등기 등 절차를 밟으면 됩니다.

설립허가에 필요한 서류는 일반적으로 다음과 같습니다.

① 합자기업 설립 신청서

② 가능성 연구보고서(지역에 따라서는 항목건의서를 요구하는 곳도 있음.)

③ 합자기업 계약서, 정관

④ 회사명칭 우선비준 통지서

⑤ 쌍방의 사업자등록증

⑥ 쌍방의 은행자산 신용 증명서

⑦ 쌍방 법정대표자의 유효자격 증명서(개인인 경우에는 여권 복사본)

⑧ 동사회 성원 명단

⑨ 쌍방의 동사장, 부동사장, 동사위임파견서

⑩ 총경리, 부총경리 추천서

⑪ 파견동사장, 동사, 총경리, 부총경리의 신분증명서(여권복사본)

⑫ 공장부지 혹은 1년 이상의 사무실 임대에 대한 계약서

독자회사 설립 서류

북경시에 식당을 경영하려고 하는데 사업자등록증을 받기까지 어떤 부문에 어떤 서류를 제출해야 하는지요?

A ⬐ 북경의 조양구의 경우는

1... 명칭등기는 북경시 공상행정관리국에서 하는데 신청인의 신분증명만 필요하며 등기 후 〈명칭 우선허가 통지서〉를 발급합니다.

2... 회사 설립 비준(조양구 대외경제무역위원회)시 아래와 같은 서류가 필요합니다.

　① 설립신청서

　② 항목건의서

　③ 가행성 연구보고

　④ 회사정관

　⑤ 동사위임파견서

　⑥ 동사회 구성원 명단 및 신분증명 (유효 여권 복사본)

　⑦ 경영장소증명 (임대의 경우 임대기간이 1년 이상)

　⑧ 자산신용증명 (투자자의 구좌개설 은행에서 발행)

⑨ 사업자등록증 (원본 복사본과 중국어 번역본)

⑩ 명칭 우선허가 통지서 (북경시 공상행정관리국 발행/복사본)

3... 회사등기시 다음의 서류가 필요합니다.

① 설립신청서(하나의 책자로 묶었는데 신청서 안에 북경에 신설하는 회사 법인대표 이력, 동사회 구성원 명단, 신분 증명, 투자자 내역 등 여러 가지 서류 포함)

② 회사 정관

③ 기업비서 연계인 (연계인의 연락방식을 등기)

④ 승낙서 (법규정을 준수하겠다는 약속)

⑤ 경영장소 증명 (임대계약서 복사본 등)

⑥ 사업자등록증 (원본 복사본과 중국어 번역본)

⑦ 설립비준 증서 (조양구 대외경제무역위원회 발행)

⑧ 주주(투자자)명단

⑨ 기타

Tip | **중국의 문화업 발전 현황**

2003년 말까지 전국에 예술표현단체 2,587개, 문화관 2,892개, 공공도서관 2,708개, 박물관 1,519개가 건설되었다. 라디오방송국은 282개이며 중파, 단파 방송발사대와 중계대가 744개, TV방송국 320개, 교육방송국이 63개이다. 전국의 케이블TV 사용자는 10,508만 가구이다. 새로 찍은 영화는 140부이고, 과학교육, 기록, 그림영화는 61부이다. 전국적 및 성급 신문을 243.6억 부 출판했으며, 각종 간행물 29.9억 부, 도서 67.5억 권을 출판했다.

회사 설립 정부비용 및 기간

북경시 조양구에 조그만 무역 컨설팅회사를 설립하려고 합니다. 회사 설립시 어떤 명목에 비용이 얼마만큼 필요한지요?

Answer

◪ 북경의 경우

1... 설립비용 (RMB)

① 회사명칭 등기에 100원

② 영업허가증에 자본금이 1,000만 원 이하일 경우 자본금의 만분의 8퍼센트, 1,000만 원을 초과할 때 초과한 부분에 대해서 만분의 4퍼센트, 1억 원을 초과할 때 초과한 부분에 대해서는 더 받지 않습니다.

③ 자본검사(정부 절차는 아니고 자본금 납입 후 회계사사무소를 초빙해 하는 절차인데 비용은 정부에서 통일적으로 규정)에 자본금이 1,000원 이하일 경우 천분의 2퍼센트이며 최저로 1,000원 이상입니다. 단, 일부 회계사사무소에서는 위 금액보다 적게 받는 경우가 있습니다.

④ 인감(공인, 계약전용장, 인명장) : 약 700원

⑤ 기업코드증 연기 : 30원

⑥ 국가세무국 등기 : 40원

⑦ 지방세무국 등기 : 40원

그외 등기에 소액 비용이 들 수도 있습니다.

2... 소요기간

북경에 회사를 설립하는데 걸리는 시간도 지역에 따라 다릅니다. 명칭 등기절차(당일), 영업허가증 수령절차(5개 근무일)는 북경시 전체가 동일한데 대외경제무역위원회의 회사 설립 비준절차에 소요되는 시간이 지역마다 다릅니다.

예를 들면, 북경시 조양구의 경우 10개 근무일(그 중간에 전화해서 비준증서 발급 여부를 확인할 수 있습니다)이 걸리며, 밀운현의 경우 당일로 발급 받을 수도 있습니다.

위의 절차를 거치면 회사 영업허가증을 발급 받아 회사가 설립 되는데 설립 후의 인감제작, 기술감독국 등기, 외환등기, 재정등기, 세무(국세 /지세)등기 등 일련의 후속등기 절차를 밟는데 약 1개월 정도 걸립니다.

그러므로 북경시 조양구의 경우 회사를 설립하고 후속 등기 절차를 밟는데 서류가 다 구비된 조건하에 약 한 달 반에서 두 달 정도 걸립니다.

북경의 회사 설립 규정 변경

북경에 컨설팅회사 설립을 계획하고 있는데 요새 회사 설립에 관한 북경의 지방정책이 크게 변했다는 소식을 접했는데 사실인지요?

A|n|s|w|e|r|

맞습니다. 북경시 공상행정관리국에서 제정하고 북경시 인민정부에서 통과한 〈시장진입제도를 개혁해 경제발전환경을 향상시키기 위한 약간의 규정〉은 2004. 2. 15일부터 실시하고 있습니다.

위 규정에서 외상투자기업 설립과 관련해서 많은 변화를 보이고 있는데 주요 내용은 다음과 같습니다.

1... 명칭에 외상투자기업은 영문문자를 사용할 수 있다.

2... 중국측 파트너는 개인도 가능하다(이전에는 기업, 경제단체만 가능).

3... 경영범위에 제한이 없이 영업허가증에 통일적으로 " 법률, 법규와 국가 외상투자 산업정책에 금지하는 것은 경영하지 못한다. 법률, 법규 규정이 심사비준과 국가 외상투자 산업정책에 경영을 제한하는 항목은 비준을 받기 전에 경영하지 못한다. 법률,

법규에 심사비준을 규정하지 않은 항목과 국가 외상투자 산업정책에 제한하지 않은 항목은 자주적으로 경영항목을 선택해 경영할 수 있다"라고 규정했다. 즉, 제한, 금지 종목 외에 구체적인 경영범위를 적지 않는다.

4... 제한, 특별비준이 필요한 항목은 비준증서의 내용과 공상국의 경영범위 규범 용어의 규정으로 확정한다.

5... 회사 설립시 외국측이 은행에서 발급하는 자산신용증명을 제공할 필요가 없다.

위 규정은 공상국에서 명칭등기와 영업허가증을 발급할 때 적용되며, 명칭등기와 영업허가증 발급 절차 사이의 회사 설립 비준 절차의 대외경제무역부문(혹은 상무부문)에서는 아직까지 자산신용증명서, 경영범위 등을 요구하고 있는 경우가 있다. 철저하게 위 규정대로 집행하려면 얼마간 시일이 걸릴 수 있다.

합자의향서의 효력

중국측과 합자의향서를 체결했는데 중국법상 위와 같은 의향서는 법적 구속력을 가지는지요?

Answer

합자의향서와 같은 의향서는 법적 효력이 없으며 단지 당사자들의 의향, 희망을 나타낼 뿐입니다. 의향서는 일반적으로 쌍방이 구체적인 계약체결 단계로 가기 전 단계에서 그때까지 논의 결정된 사항이라든지 계약의 기본적인 방향에 대해서 간단하게 작성하는 서류를 말하는 것으로 향후 계약체결로 가기 위해 서로의 의중을 확인하는 문서로서 양자의 권리의무에 대해서는 적시하지 않습니다.

이에 반해 계약서는 서로의 권리의무에 대해서 명확히 적시할 뿐 아니라 계약위반시에 손해배상의 발생 및 그 범위 등에 대해서도 상세히 규정해 두지요. 그러나 의향서인지 계약서인지의 구체적인 판단은 서류 명칭보다는 내용을 근거로 합니다. 가격, 수량, 물품내역, 시간 등등이 아주 구체적으로 되어 있고 위약조항까지 상세하게 적혀 있으면 계약서로 판정되기 쉽습니다.

정부 담보 효력

저희 회사는 연대에 있는 중국회사를 통해 전기제품을 임가공하고 있습니다.

이번에 새로운 제품의 생산 및 품질향상을 위해 한국의 본사에 있는 생산설비 중 일부를 중국회사에 설치해 주고 임가공을 시키려고 하는데 결국 위 생산설비의 소유자는 우리 회사인 것이지요?

그런데 위 임가공이 끝나고 나면 과연 중국회사에서 저희 회사에게 돌려줄지가 의심스러워 망설이고 있는데 중국 현지 정부가 반환에 대해서 보증을 서주겠다고 하는데 이런 계약이 유효한지요?

Answer

중국의 담보법에 따르면 국무원(중앙정부)에서 비준한 외국정부 혹은 국제경제단체의 대출을 사용하기 위한 재대출 외에 국가기관(정부)은 보증인이 될 수 없습니다.

그러므로 귀사가 중국의 현지 정부로부터 보증을 받는다고 해서 위 보증관계는 법적보호를 받지 못하며, 중국업체에서 기계를 반환하지 않는다고 해도 중국정부에 보증책임을 물을 수 없습니다.

이는 물품거래나 금전대차에 있어서 중국 현지 정부가 보증을 서준다고 해도 마찬가지로 아무런 효력이 없습니다.

따라서 귀사의 경우 이 문제에 대해 신중하게 대처할 필요가 있을 것 같습니다.

2003년 말 중국의 위생기구는 29.1만 개에 달하였으며 전해에 비해 1.5만 개 늘어났다. 등록한 의료기구(농촌 위생소는 제외)는 28.3만 개이며, 그 중 비영리성 의료기구는 13.5만 개, 영리성 의료기구는 14.6만 개이다. 의료기구 경제 성격에 따라 분류하면 국유 8.5만 개, 집체소유 4.9만 개, 연합경영 2,419개, 대만/홍콩/마카오 합자합작 15개, 중외합자합작 45개, 기타 1.1만,개이다. 의료기구 유형에 따라 분류하면 병원 17,764개, 구역위생서비스센터(소) 1만 개, 위생원 4.5만개, 진찰부 6,152개, 진료소(위생소/의무실) 19.8만 개, 부녀아동보건원(소) 3,033개, 전문질병 방치원(소) 1,749개이다.

이윤과 송금

중국 현지법인에 투자하려고 하는데 투자 후 투자수익에 대한 배당이 가능한지요? 투자수익에 대한 중국내 세금은 얼마나 되는지요? 투자수익을 국내로 송금할 수 있으며 국내에서 세금은 어떻게 되는지 알고 싶습니다.

투자 후 이익이 생기면 이익배당이 가능합니다.

이익에 대해서는 기업소득세(질문 81번을 참조)를 납부해야 하며, 이후 한국으로의 송금시 송금액의 일정 비율의 수수료를 또 공제합니다. 위 수수료의 경우 중국은행 북경분행의 경우는 송금액의 천분의 1퍼센트이며, 송금전보 비용으로 150원 인민폐를 받습니다.

이렇게 국내로 송금된 금액은 결국 국내회사의 회계처리시 이익으로 산정되며, 이에 대한 세금 처리시 일정 방식대로 세금 공제 혜택을 받습니다.

즉 중국과 우리나라는 이중과세에 대한 조약에 체결되어 있으므로 우리나라 〈법인세법〉 제57조에 의해 과실송금에 대해서는 당해 사업 연도의 법인세액에 국외 원천소득이 당해 사업 연도의 과세표준에서 차지하는 비율을 곱해 산출한 금액을 한도로 외국법인세액을 당해 사업 연도의 법인세액에서 공제하는 방법과 국외 원천소득에 대해 납부했거나, 납부할 외국 법인세액을 각 사업 연도의 소득금액 계산에 있어서 손금에 산입하는 방법이 있습니다.

개인에 대해서는 우리나라 〈소득세법〉 57조에 규정되어 있습니다.

Tip | **중국의 관광업 발전 현황**

2003년 중국의 관광업은 사스 피해를 많이 받은 편이다. 1년간 중국에 들어온 사람들은 9,166만 명으로 전해에 비해 6.4% 줄어들었다. 그 중 순수 외국인 여행객은 1,140만 명으로서 15.2% 줄어들고, 홍콩, 마카오, 대만 동포는 8,026명으로서 5.0% 줄어들었다. 국제관광 외환수입은 174억 달러(USD)로서 14.6% 줄어들었다.

2003년 국내 출국인 수는 2,022만 명으로서 21.8% 증가되었다. 그 중 사유로 출국한 사람은 1,481만 명으로서 47.2% 증가되었고, 출국인수의 73.2%를 차지한다. 국내 관광객은 연인수로 8.7억 명으로서 0.9% 줄어들었으며, 관광 총수입은 3,442억 원으로서 11.2% 줄어들었다.

이윤송금

이번에 저희 회사가 중국 소주에 공장을 지어 진출하게 되었습니다만, 중국 소주에서 한국 본사로 돈을 송금하는 문제가 해결이 안 돼서 몇 가지 묻습니다. 저희의 구조를 보면 다음과 같습니다.

A사(대기업) 주문 → B사(본사)주문수령 및 지사에 연락 → B-1(중국 소주)제품생산 및 납품 → A-1(중국 소주 협력사)물품 수령

문제는 B-1(지사)에서 얻은 수익금을 어떻게 본사로 송금하는가 하는 것입니다. 중국에서는 외화반출에 대한 것이 엄격하므로 중국 국외로 송금이 굉장히 힘들다고 했습니다. 이에 대해서 아는 것이 있으면 조언 부탁드립니다.

A 귀하가 말하는 중국 소주의 공장은 본사인 B가 100% 단독 투자한 외상기업입니다.

그러므로 중국 소주 공장이 위의 방식으로 운영을 함에 있어서 본사인 B사와 중국 소주공장(B-1)이 물품공급 계약을 맺게 될 것이라고 보는데, 이럴 경우 본사인 B사와 중국 소주 공장은 법적으로 완전히 다른 회사이므로 위 두 회사간에 물품공급 계약

에 따라 물품을 공급해 주고 물품대금을 받는 것은 아무런 문제 없는 적법한 거래입니다.

단 물품공급계약의 내용 중 물품공급을 본사인 B사에 하지 않고 A-1 회사로 공급하라는 내용이 있으리라 봅니다. 그렇지 않고 A사가 직접 중국 소주 공장인 B-1에게 물품공급 계약을 맺더라도 아무런 문제가 없지요.

그렇다면 94항의 질의 답변에서 보았듯이 중국에서 회사를 운영해 매년 회계검사를 해 이익이 생기면 각종 적립금을 적립하고 세금을 낸 후 배당받은 이윤을 한국으로 송금할 수 있습니다. 이는 법적으로 보장되어 있는 것이니 문제가 없습니다.

대표처 설립 조건

중국에서 소규모의 판사처(사무실)를 열 경우 어떤 법적 조건이 필요한
지 알고 싶습니다. 그리고 중국 조선족을 고용한다면 어떤 고용조건이
일반적인지 알고 싶습니다.

A nswer

1... 판사처에 대해서

중국지사, 연락사무소 등을 중국에서는 판사처라고 부르고 있습
니다. 중국 현지법인과 판사처의 가장 큰 차이점은 판사처는 영
업행위를 할 수 없다는 것입니다.

그러므로 중국 현지에 설립한 많은 판사처는 한국본사를 위해
서 제품을 선전하고 제품구입처를 만나고 매매상담을 하고 있지
만, 마지막 매매계약시에는 결국 한국 본사와 중국회사가 직접 하
게 됩니다. 일부 유형의 판사처(물음 97번 참조)도 중국법상 판사
처 운영 비용에 따라 세금을 내어야 함을 유의하시기 바랍니다.

북경의 경우 판사처의 설립 신청자료는 대개 다음과 같으며
다른 지역도 이와 같거나 약간의 차이가 있는 정도입니다.

① 대표이사가 서명하고 회사공인을 찍은 대표처 설립신청서
(중국어본)

② 대표처를 설립하려는 외국회사 개업증명(세무소 등록증
명)(복사본/중문번역 첨부)

③ 은행자산 신용증명(한국내 거래은행/중문 번역본 첨부)

④ 대표처 상주 대표위임장(대표이사 서명, 회사공인/중문본)

⑤ 상주대표 약력

⑥ 상주대표 신분증명(외국인일 경우 여권 복사본, 중국인일
경우 신분증 복사본/중문첨부)

⑦ 상주대표의 2촌 흑백사진 5장(여권에 나온 사진 크기)

⑧ 섭외사무실 임대차협의(이 자료는 중국내 현지에서 준비/
임대계약 기간은 1년 이상) 혹은 구매한 경우 건물소유증명

그 외 대표처를 설립하려는 회사는 한국(외국)에서 설립한 지
1년 이상이 되어야 합니다.

2... 고용관련

조선족을 고용하든지 한족 등 다른 민족을 고용하든지 대우상 차
별이 없습니다. 기본급, 교통비, 식비, 각종 복지(보험, 주택기금
등)는 피고용자와 계약하기에 달렸고 주택기금은 회사와 직원이
반반씩 부담한 것이 원칙입니다.

그리고 북경의 경우는 대표처의 중국직원에 대해서는 중국관련 외국기업 서비스부문(예를 들면, 북경의 경우 북경외기복무집단 유한책임공사 – FESCO 등)을 통해 인사관리를 해야 합니다.

단독투자 및 연락사무소 세금

1. 중국에서 제빵공장을 설립하고, 그 생산품을 자체 점포를 통해 팔거나, 슈퍼마켓 등에 공급하는 아이템을 갖고 있습니다. 이런 식의 사업을 독자투자로 할 수 있겠습니까?

2. 중국에 연락사무소를 개설했을 때, 영업활동을 할 수 없어 소득이 발생하지 않는데 사무소 운영에 대한 세금이 있습니까? 또 주재원에 대한 개인소득세가 있는지 궁금합니다.

1... 제빵공장 설립은 중국〈외상투자산업 지도목록〉에서 제조업 중 식품가공류에 속하며 독자투자가 가능합니다.

2... 사무소 운영경비는 본사에서 지급될 것인데 본사의 경영범위에 따라 세금을 내는 경우도 있고 내지 않는 경우도 있습니다. 예를 들면, 본사가 생산판매형 기업일 경우 일정한 비율의 소득세, 영업세를 납입하며, 투자자문기업일 경우 납입하지 않는데 지방세무국의 섭외부서의 구체적인 확인을 받아야 합니다. 주재원 개인소득세도 〈중화인민공화국 개인소득세법〉 규정대로 납입해야 합니다.

분공사 설립 절차와 부가가치세

저희 회사는 청도에 설립한 외상독자기업입니다. 이번에 제품판매를 촉진하기 위해 북경에 분공사를 설치하고 싶습니다. 분공사 설치에 따른 절차와 분공사 세금계산서를 별도로 발급해야 하는지 알고 싶습니다. 특히, 중국의 부가가치세는 17%인 걸로 알고 있는데 분공사가 공장으로부터 제품을 받을 때 위 부가가치세를 지급하면 판매할 때 또 지급해야 하는지 알고 싶습니다.

분공사(분회사)를 설립하려면 대개 두 가지 내지 세 가지 절차를 밟아야 합니다.

첫째, 회사 설립시 원 심시비준기구인 대외경제무역위원회에 분공사 설립에 대한 비준을 받아야 합니다. 둘째, 회사가 영업허가증을 발급 받은 공상행정관리부문으로부터 분지기구(분공사/대표처)를 설립 허가한다는 증명을 받아야 합니다. 셋째, 북경시 공상행정관리국에 분공사 설립 등기를 합니다.

여기서 첫번째 절차는 지역과 설립하려는 분공사 성격에 따라 있을 수 도 있고, 없을 수도 있습니다. 이때 분공사의 성격이란 분공사가 판매만 하는지 아니면 생산공장인지의 구별이 있습니다.

분공사가 자체 명의로 고객과 판매계약을 체결할 경우 회계처리를 별도로 해야 하며 세금계산서를 발급해야 합니다. 분공사가 본사로부터 제품을 가져올 때 무상으로 가져오는 것이 아니고 일정한 가격에 가져 옵니다(예를 들면 100원 인민폐). 그리고 고객에게 120원에 판매한다고 하면 본사는 위 100원에 대한 부가가치세를 납입하게 되고, 분공사는 120 − 100 = 20원에 대한 부가가치세를 납입하게 됩니다.

즉, 최종으로는 본사에서 바로 고객한테 판 경우의 부가가치세와 같은 금액을 납입하게 되며, 이중납세의 불이익을 당하는 것이 아닙니다.

> **Tip** | **10억 원의 인터넷광고 매출에서 1억 원은 부동산광고**
>
> 2003년 중국의 10.8억 원 인민폐의 인터넷광고 매출에서 근 10%는 부동산광고가 점했다. 2001년부터 2003년까지 인터넷을 통해 광고한 부동한 기업이 734개에서 1,787개로 늘어났고, 2001년에는 매 업체의 평균 광고비용이 7,100원이었는데 2003년에는 4.04만 원으로 늘어났다. 어느 부동산사이트의 통계에 따르면 55.7%의 방문자는 25세부터 34세 사이이고, 68%의 방문자의 월급은 3,000원 이상, 그 중 25%는 5,000원 이상이며, 49.4%의 방문자는 대학 학부 혹은 그 이상 학력의 소지자이다. 이는 어느 정도 현재 중국 부동산 네티즌의 특징을 나타내는 것으로 이 부류의 사람들은 부동산기업에서 중시하는 잠재고객이다.

대표처와 분공사의 차이점

저희는 대련에 있는 외상투자기업인데 업무 촉진을 위해 북경에 단독 법인이 아닌 지사를 설립하려고 합니다. 그런데 지사의 두 가지 기본 형태인 대표처와 분공사의 구별을 잘 몰라서 어느 것으로 해야 할지 모르겠네요.

Answer

대표처는 판사처, 연락사무소, 주재사무소 등으로도 불리고 있는데 본사와 고객과의 업무연락 역할만 하고, 대외적으로 영업활동을 할 수 없으며, 자체 명의로 제품판매, 원자재 구매계약 등 계약을 체결할 수 없습니다. 분공사의 경우 업무연락 외에 영업활동을 할 수 있으며, 제품판매, 원자재구매 계약 등 계약을 체결할 수 있습니다.

그러므로 대표처는 그 사무소의 명의로 계산서를 발급할 수 없는 반면 분공사는 그 명의로 계산서 발급이 가능한 점이 가장 큰 차이점입니다.

이렇게 대표처는 영업행위를 할 수 없음에도 불구하고 중국 정부에서는 일부 직종의 대표처인 경우 영업소득세와 기업소득세를 부과하고 있기도 합니다. 분공사만의 회계처리도 가능하고 본사와 분공사를 합해 본사에서 일괄적인 회계처리도 가능하기도 합니다.

분공사는 판매형 분공사 외에 제품을 생산하는 공장도 성격상 분공사에 속합니다.

에너지와 관건 원재료 소모량이 현저히 늘어났다. 초보적인 계산에 따르면 2003년 에너지 총 소모량은 16.78억 톤(표준 석탄)으로서 지난해에 비해 10.1% 늘어났고, 원유 소모량은 2.52톤으로서 12%, 원천석탄은 15.79톤으로서 13.6% 늘어났다. 관건 원재료는 강재가 2.71억 톤으로서 28.6%, 산화알루미늄이 1,168만 톤으로서 15%, 시멘트가 8.36억 톤으로서 15.3% 늘어났다.

노동계약은 어떤 조항을 포함해야 하는가

중국에서 근로자들과 노동계약을 체결할 시에 일반적으로 규정해 두어야 할 사항들로는 어떤 것들이 있는지요?

Answer

노동계약은 반드시 아래 조항이 구비되어야 합니다.

① 노동계약 기간 : 법에 따라 기한을 정하지 않는 계약을 체결할 수 있는 것 외에 모두 계약서 효력기간과 종료기간을 규정하거나, 계약기간을 결정할 수 있는 사업 혹은 항목을 규정합니다

② 업무내용 : 근로자의 임무, 직책 등입니다.

③ 노동보호와 노동조건 : 회사에서 근로자에게 어떤 물질조건을 제공해야 하며, 근로자의 안전을 어떻게 보장해야 하는가 하는 것입니다.

④ 노동보수

⑤ 노동규율

⑥ 노동계약의 종료 조건 : 법에 의한 종료 조건 외에 어떤 조건이 발생했을 때 일방당사자는 노동계약 종료를 제출할

수 있는지를 말합니다.

⑦ 노동계약을 위반한 책임 : 일방이 노동계약을 위반했을 경
  우 부담해야 하는 책임 종류, 범위, 책임면제 조건 등을 포
  함합니다.

노동계약 무효 확인기관

노동계약의 효력에 대해서 분쟁이 생겼을 때 그 계약의 유무효에 대해서 일반적인 계약서와 마찬가지로 법원에서 판단하나요?

노동계약의 유무 효력은 노동분쟁중재위원회나 인민법원에서 확인합니다. 노동분쟁중재위원회는 노동법 규정에 의해 노동분쟁을 처리하는 기구입니다. 인민법원은 국가의 심판기관이며 두 기구는 노동계약분쟁을 처리할 권한이 있습니다.

그러므로 당사자간 노동분쟁에 의한 안건을 노동분쟁중재위원회나 인민법원에 제출한 후 심사를 통해 중재위원회나 인민법원에서 노동계약이 무효인 원인을 인정하고 법에 따라 노동계약이 무효라는 것을 선포할 수 있습니다.

시용기간

중국에서도 근로자에 대해서 수습기간을 정할 수 있는지요? 수습기간
중에는 마음대로 근로자를 해고할 수 있는지요?

Answer

중국에도 한국에서와 마찬가지로 근로자들의 능력여부를
시험해 볼 수 있는 기간인 수습기간, '시용기'를 둘 수 있으며 시용
기는 노동계약당사자가 계약 중 예정한 시용(수습/PROBATION)
기간인데 최대 6개월을 초과하지 못하며, 이 기간에는 수시 근로
자를 해고할 수 있습니다.

수습기간은 노동계약기간에 포함됩니다. 수습기간은 지방마
다 규정이 약간씩 틀리는데 구체적으로 각 성, 시 혹은 지방의 〈
노동계약규정〉을 참조해야 합니다.

〈북경시 노동계약규정〉(2001년)은 노동계약기간이 6월 이하
인 경우 수습기간은 15일을 초과하지 못하고, 6개월 이상 1년 이
하인 경우 30일, 1년 이상 2년 이하인 경우 60일, 2년 이상인 경
우 6개월을 초과하지 못한다고 규정했으며,

〈복건성 노동계약관리규정〉(2003년)은 수습기간이 최고 6개

월을 초과하지 못하며, 노동계약기간이 반년 이하인 경우 15일, 반년 이상 1년 이내인 경우 1개월을 초과하지 못한다고 규정했습니다.

〈강소성 노동관리조례〉(2003년)는 노동계약기간이 6월 이하인 경우 수습기간은 15일을 초과하지 못하고, 6개월 이상 1년 이하인 경우 30일, 1년이상 3년 이하인 경우 60일, 3년 이상인 경우 180일을 초과하지 못한다고 규정했습니다.

Tip | **중국의 과학기술업 발전 현황**

2003년 전국의 과학연구와 실험발전(R&D) 지출은 1,520.1억 원으로서 전해에 비해 18.1% 증가되어 국내생산총액의 1.3%를 차지한다. 그 중 기초연구지출이 86억 원이다. 2003년 이룩한 성급, 부급(중앙) 과학기술성과는 29,870건인데, 그 중 기초이론성과는 2,029건, 응용기술성과는 26,425건, 과학성과는 1,416건이다.

2003년 접수한 국내외 특허신청은 30.8만 건이고 허가한 특허는 18.2만 건으로서 전해에 비해 각각 22.1%와 37.6% 증가되었다. 2003년 체결한 기술 계약은 26.8만 건이고, 기술계약 거래금액은 1082.7억 원으로서 전해에 비해 22.5% 증가되었다.

회사의 수시 노동계약 해제

회사가 근로자에게 일정기간 전에 해고예고를 하지 않고 바로 노동계약을 해지할 수 있는지요?

A｜n｜s｜w｜e｜r｜ 수시 노동계약을 해제한다는 것은 회사에서 아무런 형식 없이 근로자에게 앞당겨 통지하지 않고 노동계약을 해제하는 것을 말하며 아래와 같은 경우 수시 해제할 수 있습니다.

① 시용기간 내에 채용조건에 부합하지 않는 것이 증명 될 경우

② 노동규율 혹은 회사의 규칙제도를 엄중히 위반했을 때

③ 직무상의 과실, 사리를 꾀하며 고용기관의 이익에 중대한 손실을 입힐 경우

④ 법에 따라 형사적 책임을 추궁받을 경우

회사의 노동계약 해제 – 사전통지

근로자에게 노동계약을 해제함에 있어 30일 전에 앞당겨 서면으로 통지해야 하는 경우가 있다고 하는데 어떤 경우인지요?

Answer

다음 경우 회사는 노동계약을 해제할 수 있으며 30일 전 앞당겨 서면형식으로 근로자 본인에게 통지해야 한다.

① 근로자가 질병에 걸렸거나 비공적인 부상을 입었을 때 치료 후 원 업무에 종사하지 못하거나 고용기관에서 배치해 준 다른 업무에도 종사하지 못할 경우

② 근로자 업무를 감당하지 못할 때 후 훈련 받거나 혹은 업무를 조정해도 여전히 감당하지 못할 경우

③ 노동계약을 체결할 때 객관 정황에 중대한 변화가 발생해 원 노동계약을 이행할 수 없게 되어, 때 당사자와 협상에 임했으나 변경 협의에 달성하지 못할 경우

노동계약의 해제 불가능

일정한 경우 노동계약을 회사가 임의적으로 해제할 수 없다고 하는데 어떤 경우가 있는지요?

Answer

중국노동법에 의하면 다음과 같은 경우에 회사는 노동계약을 해제하지 못합니다.

① 근로자가 직업병에 걸리거나 회사업무로 부상을 입어 노동능력을 상실하거나 부분적으로 노동능력을 상실했다고 확인된 경우

② 병에 걸리거나 부상을 입었는데 규정된 의료기간이 만료하지 않은 경우

③ 여성 근로자의 임신, 해산, 포유기간 내 기타

노동자의 노동계약 해제

노동자가 회사에게 노동계약의 해제를 요구할 수 있는 경우는 어떠한 것이 있는지요?

A |n|s|w|e|r|
근로자가 노동계약을 해제할 수 있는 경우는 아래와 같습니다

1... 수시 계약을 해제할 수 있는 경우

① 시용기간 (probation)

② 회사에서 폭력, 위협 혹은 불법적으로 인신 자유를 제한하는 수단으로 노동을 강요할 경우

③ 회사에서 노동계약 규정대로 노동보수를 지급하지 않거나 노동조건을 제공하지 않을 경우

2... 그 외 회사와 특별한 약정이 있는 것 외에, 근로자는 아무런 법정 이유를 제시할 필요 없이 30일 앞당겨 서면 형식으로 회사에 통지하는 것으로 계약을 해제할 수 있습니다.

노동계약 해제시 회사의 경제보상

노동계약 해제시 회사는 경제보상을 지급해야 하는지요? 지급해야 한다면 보상금액을 어떻게 산정해야 하는지요?

Answer
노동계약 해제시 회사는 다음과 같이 보상금을 지급합니다.

1... 노동계약 당사자들이 합의를 보고 회사에서 노동계약을 해제할 경우 근로자가 본 회사에서 근무한 연한에 따라 1년당 1개월 임금에 해당한 경제보상금을 지급하나 최고 12개월 임금을 초과하지 않습니다(근로자가 자발적으로 사직하는 경우 보상금을 지급하지 않습니다).

2... 근로자가 병에 걸리거나 회사업무로 인해 입은 부상이 아닐 경우 노동검증위원회에서 원 업무를 감당할 수 없고, 또한 회사에서 배치한 다른 업무도 감당할 수 없다고 확인함으로써 노동계약을 해제할 경우, 회사는 근로자의 본 회사에서의 근무연한에 따라 1년당 1개월 임금에 해당한 경제보상금을 지급하며, 동시에 6개월 임금보다 적지 않은 의료보조금을 지급해야 합니다. 또 중병이나 불치병에 걸릴 경우 의료보조금을 증가해야 합니다. 중병

증가 부분은 위 의료보조금의 50% 이상이어야 하며, 불치병 증가 부분은 100% 이상이어야 합니다.

3... 노동자가 업무를 감당할 실력이 안 되거나 훈련을 받거나 업무를 바꾼 뒤에도 역시 감당하지 못해 회사에서 노동계약을 해제할 경우, 회사는 근로자가 본 회사에서 근무한 연한에 따라 1년당 1개월 임금에 해당한 경제보상금을 지급하나, 최고 12개월 임금을 초과하지 않습니다.

4... 노동계약 체결 시 근거한 객관 정황에 중대한 변화가 발생해 원 노동계약을 이행할 수 없게 될 경우, 당사자들의 협상을 거쳐 노동계약변경 협의를 이루지 못하면 회사는 근무한 연한에 따라 1년당 1개월 임금에 해당한 경제보상금을 지급합니다.

5... 회사가 파산에 직면해 법정관리를 하거나 생산경영 상황이 매우 악화되어 반드시 근로자를 줄여야 할 경우, 회사는 근무한 연한에 따라 1년당 1개월 임금에 해당한 경제보상금을 지급합니다.

경제보상금의 임금계산 기준은 기업의 정상생산 정황하에서 노동자의 계약해제 전의 12개월 월평균 임금입니다. 노동계약 해제 후, 위 규정대로 근로자에게 경제보상을 지급하지 않을 경우, 전부 지급해야 하는 외에 경제보상금 금액의 50%에 해당하는 금액을 추가 지급해야 합니다.

노동계약 위반시 회사의 배상책임

노동계약을 위반할 시에 회사는 근로자에게 어떠한 배상책임을 져야
하나요?

A|n|s|w|e|r|

법에 따르면 회사는 다음과 같은 경우에 배상책임을 집니다.

① 일부러 시간을 끌면서 노동계약을 체결하지 않는 경우 :
즉, 초빙 후 일부러 규정대로 노동계약을 체결하지 하거나
노동계약 만료 후 제때로 계속되는 노동계약을 체결하지
않을 경우

② 회사의 원인으로 무효 혹은 부분적으로 무효인 계약을 체
결할 경우

③ 회사에서 규정을 위반하거나 노동계약을 위반해 여성 근로
자 혹은 미성년자의 합법적인 권리와 이익을 침범할 경우

④ 회사에서 노동계약을 해제한 것이 규정 혹은 노동계약을
위반했을 경우

회사에서 위 원인으로 근로자에게 손해를 입힐 경우 다음 규

정대로 배상합니다.

① 근로자에게 임금수입 손실이 발생할 경우, 근로자 본인이 응당 받아야 하는 임금수입대로 노동자에게 지급해야 하며, 또한 응당 받아야 하는 임금수입의 25%에 해당하는 배상금을 지급해야 합니다.

② 근로자에게 근로자 보호대우 손실이 발생할 경우 국가 규정대로 근로자의 노동보호수당과 비품을 보충해야 합니다.

③ 근로자에게 회사업무에 의한 부상, 의료대우 손실이 발생할 경우, 국가 규정대로 관련 대우를 제공하는 외에 의료비의 25%에 해당하는 배상비용을 지급해야 합니다.

④ 여성근로자와 미성년자의 신체건강에 손상을 줄 경우, 국가 규정의 의료기간내의 의료대우를 제공하는 외에 의료비의 25%에 해당한 배상비용을 지급해야 합니다.

⑤ 노동계약에 규정한 기타 비용을 지급합니다.

단체계약 및 일반계약

단체계약과 일반 노동계약과는 어떤 차이가 있는지요?

노동계약이란 회사와 근로자 개개인이 개별적으로 체결하는 노동조건 등에 대한 계약인 반면 단체계약이란 근로자 단체와 회사간에 법률, 법규 규정대로 노동보수, 근무시간, 휴식휴가, 노동안전위생, 보험복지 등 사항에 대해 협의해 체결한 계약을 말합니다.

단체계약과 노동계약의 구별 :

1) 일방은 근로자 단체조직인 공회(노동조합) 혹은 근로자대표이고 다른 일방은 회사입니다.

2) 단체계약은 단체노동관계 가운데서 전체 근로자들의 최저 근무조건, 노동기준과 전체 근로자들의 의무를 주요 내용으로 합니다(개별적인 노동계약의 대우는 단체계약보다 차해서는 안 됩니다).

3) 단체계약은 노동계약을 체결한 회사 및 그 회사 부속회사

와 공회가 대표한 전체 근로자들한테 유효합니다.

단체계약은 자발적인 계약이며 반드시 체결해야 되는 필수 계약이 아닙니다.

단위 : 억원

지표	연말치	전년대비 증가율(%)
각종 예금 잔액	22,0364	20.2
그 중 : 기업예금	76,785	19.4
도시주민저축예금	110,695	17.4
그 중 : 인민폐	103,618	19.2
각종 대출 잔액	169,771	21.4
그 중 : 단기대출	87,398	13.8
중장기대출	67,252	30.0

단체계약의 내용

단체계약은 노동계약과 달리 계약내용 중에 특별히 규정해야 할 사항
이 있는지요?

Answer

회사와 근로자들 사이에 단체계약이 있을 경우 회사와 개
별적인 근로자 사이에 체결하는 노동계약의 조건은 단체계약의
조건보다 나빠서는 안되는 외에, 노동계약에 비해 특별히 규정해
야 할 사항은 없습니다.

단체계약은 일반적으로 아래와 같은 내용을 포함해야 합니다

① 노동보수

② 노동시간

③ 휴식휴가

④ 보험복지

⑤ 노동안전과 위생

⑥ 계약기간

⑦ 단체계약의 변경, 해제, 종료 협상절차

⑧ 단체계약 이행 중 쌍방의 권리와 의무

⑨ 단체계약 이행으로 발생한 분쟁의 협상처리에 관한 약정

⑩ 집단계약 위반책임

⑪ 기타

Tip | 새로 채용된 공무원은 부임시 선서해야 한다

영하회족자치구에서 지난 2년간 시범 실시해온 신임 공무원이 부임할 경우 국기를 향해 선서하는 것이 앞으로 영하에서 하나의 제도로 정착했다. 일전 영하에서는 신임 공무원 180명이 부임 선서를 해서 사회의 광범한 주목을 받았다. 영하자치구 상무부주석 왕정위는 신임 공무원 부임선서를 제도로 규정하여 집행하는 것은 국가공무원 행위규범 교육을 진행하는 필요형식으로서 새로 채용한 공무원들의 영예감과 책임감 증진에 유리할 뿐 아니라 중국 특색의 공무원제도를 완벽화하고 공복의식이 있고 청렴, 근정, 전문화된 공무원 대오를 건설하는 데 중요한 의의가 있다고 얘기했다.

근무시간 및 연장근무 제한

1. 중국의 근무시간은 기본적으로 몇 시간인지요?

2. 중국에서도 연장근무를 시킬 수 있는지요?

Answer

1... 중국의 법규정에 따르면 1주에 5일(월~금) 근무하고 매일 근무시간이 8시간, 매주 평균 근무시간이 40시간을 초과하지 않는 근무시간 제도를 실시하며, 그 외 여러 가지 보충 근무시간제도를 실시합니다.

2... 회사는 생산경영의 수요로 근무시간을 연장할 수 있는데 법규정에 따르면 일반적으로 하루에 1시간을 초과하지 못하며, 특별한 경우 근로자의 신체건강을 보장하는 조건하에 하루에 3시간 이내로 연장할 수 있으나 한달에 36시간을 초과하지 못합니다. 단, 자연재해, 사고 혹은 기타 원인으로 노동자의 생명건강과 재산안전이 위협을 받아 긴급처리해야 하는 경우, 생산설비, 교통운송노선, 공공시설에 고장이 생겨 생산, 공공이익에 영향이 있어 급히 보수해야 하는 경우 및 기타 법률, 법규 규정의 경우에는 위 제한에 상관없이 연장할 수 있습니다. 사실상 위 제한을 초월해서 연장근무를 하는 경우가 많습니다.

연장근무수당 계산기준

중국에서 연장근무를 시킬 시 그 연장근무수당을 어떻게 산정하나요?

A|n|s|w|e|r|

연장근무를 시킬 시에 우리나라와 마찬가지로 할증수당을 지급해야 하는데 그 내용은 아래와 같습니다.

- 평일(월요일~금요일)에 연장근무할 경우 : 노동자 임금의 150% 이상
- 휴식일(토요일, 일요일) : 200% 이상
- 법정휴가일 : 300% 이상

예를 들면, 모 근로자의 하루 한 시간 임금이 20원일 경우 평일에 한 시간 잔업하면 잔업시간에 한해서는 30원을 받을 수 있고, 휴식일에는 40원, 법정휴가일에는 60원 이상 받을 수 있습니다. 사실상 연장근무수당을 법대로 지급하지 않는 경우가 많은데 유럽, 북미주 기업이나 일본기업은 상대적으로 위 규정을 잘 지키는 편입니다.

휴식일과 법정휴가일 및 유급휴가

중국에서의 법정휴가일과 휴식일은 어떤 날인가요?

중국에서의 유급휴가는 근무연한에 따라 다른가요? 기준은 1년에 몇 일인가요?

Answer

1... 중국에서는 토요일과 일요일 2일간 휴식하는 휴일제도를 실시하는데 관공서와 사업단위(학교 등)에서는 잘 실시되고 있으나 일반적인 회사의 경우 토요일에 근무하는 회사도 많습니다. 법규정대로 하면 토요일에 근무할 경우에는 연장근무수당을 지급해야 합니다.

중국은 신정, 구정, 국제노동절, 국경절 및 기타 법률, 법규 규정의 법정휴가일이 있는데 신정에는 1일, 구정(음력설), 노동절(5월 1일), 국경절(10월 1일)에는 7일간 휴식합니다. 뒤 세 개 명절기간 토요일, 일요일이 겹치고 또 명절 직전의 토요일과 일요일은 정상출근하기 때문에 사실상 3~4일 휴식하는 것과 마찬가집니다.

2... 연속 1년 이상 근무한 근로자는 유급휴가를 가질 수 있다고

규정했으나 근무 첫해부터 유급휴가를 가지는 경우도 많습니다. 그 외, 유급휴가에 대해 아직까지 구체적인 규정이 없는데 외상투자기업은 일반적으로 모기업의 유급휴가제도를 참조하는 경우가 많으며, 10일에서 15일 사이로 정하는 기업도 많습니다.

Tip | **각 성, 자치구, 직할시 인구분포 현황(2003년 말)**

단위 : 만명

지역	인구수	지역	인구수	지역	인구수	지역	인구수
강서성	4,254.23	청해	533.8	천진	1,011.30	하남	9,667
티벳	270.17	절강	4,679.6	감숙	3,603.34	산동	9,125.0
귀주	3,869.66	광서	4,857	내몽고	2,379.61	복건	3,488
영하	580.3	운남	4,375.6	산서	3,314.29	길림	2,703.7
섬서	3,689.5	사천	8,700.4	하북	6,769.4	신강	1,933.95
요녕	4,210.0	광동	7,954.22	중경	3,130	강소	7,405.8
안휘	6,410	해남	810.52	호북	6,001.7	북경	6,662.8
흑룡강	3,815	상해	1,341.8				

최저임금

중국에서도 최저임금제도가 있는지요? 있다면 최저임금은 얼마인지요?

A |n|s|w|e|r|
최저임금은 노동자가 법정 근무시간에 정상노동임무를 완성했을 경우 회사에서 근로자에게 지급해야 하는 최저노동보수를 말합니다. 중국에서는 최저임금 보장제도를 실시하는데 최저임금기준은 성, 직할시 인민정부에서 규정하며 국무원에 등기합니다.

최저임금 기준을 정하고 조절할 때 고려하는 요소들은 다음과 같습니다.

① 노동자 본인 및 부양하는 평균인구의 최저생활비용

② 사회평균 임금수준

③ 노동생산율

④ 취업 정황

⑤ 지역간 경제발전수준의 차이 등

각 지방에서 구체적으로 최저임금을 결정할 때 2003년 12월

30일에 노동과 사회보장부에서 통과한 〈최저임금 규정〉 및 그 부록의 계산방법을 따라야 합니다. 위 규정에 따르면 최저임금은 최소 매2년에 한번씩 조절해야 합니다.

최저임금의 경우 일반적으로 노동자가 매달 실제 받을 수 있는 현금을 말하는데 잔업수당, 특별업종수당 및 여러 가지 사회복지를 포함하지 않으며, 회사측에서 숙식을 제공하는 경우 숙식은 일반적으로 노동자에게 제공하는 기본생산조건에 속하며 임금지급에 속하지 않습니다.

현재 중국의 최저임금은 북경시의 경우 495원(RMB), 천진시의 경우 480(RMB)원이며 산동성의 경우 지역에 따라 5가지 등급의 최저임금을 규정했는데 각각 410원, 380원, 340원, 310원 및 290원인데 곧 위 최저임금에 대해 다시 조절한다고 합니다.

노동계약 기간

중국에서 만 10년 이상 한 회사에서 근무한 노동자와 노동계약을 연장할 경우 무고정기간 – 계약기간을 정하지 않은 – 의 노동계약을 체결 할 수 있다는데 무슨 뜻인지요?

Answer
중국 노동법은 노동자가 회사에서 연속 만10년 이상 근무했을 때 당사자 쌍방이 노동계약을 연장하는 데 동의할 경우, 만일 근로자가 무고정기간의 노동계약을 체결할 것을 요구하면 응당 무고정기간의 노동계약을 체결해야 한다고 규정했습니다. 이는 근로자에 대한 보호 방식의 일종인데 이런 계약을 체결하면 근로자는 언제든지 회사를 그만둘 수(1개월 앞당겨 통보) 있지만, 회사에서는 근로자를 사퇴시킬 경우 많은 금액의 경제보상금을 지급해야 합니다(물음 108번을 참조).

실례로 모 중국 회사에서 업무를 아주 잘하는 직원이 계약기간이 거의 10년이 될 때 계약이 만료되자 회사측에서 노동계약 연장을 동의하지 않는 것을 보았습니다.

사회보험 종류, 기준수, 납입비율

북경 교외에서 자동차부품제조 공장을 설립하려고 하는데 노동자를 좀 많이 모집해야 할 것 같습니다. 소주에 공장을 운영하는 친구한테 보험 종류, 금액 등에 대해서 자문을 구해보니 사회보험 기준은 지역마다 틀린다고 하네요. 북경의 경우 노동자를 고용할 경우 반드시 가입해야 하는 보험이 어떤 것들이 있으며 납입기준, 납입비율 등은 어떠한지요?

중국은 일반적으로 양로보험, 실업보험, 기본의료보험, 공상보험 및 여근로자 생육보험 등이 있는데 지역마다 반드시 가입해야 하는 보험종류가 약간씩 틀리며, 납입기준 수와 납입비율에도 차이가 있습니다. 북경의 경우 반드시 가입해야 하는 보험은 양로, 실업, 기본의료 및 공상보험이며 그 납입기준 수와 납입비율은 다음 도표와 같습니다.

■ 북경시 각종 사회보험기금 납입 기준

보험 종류	법적근거	보험가입 업체와 인원	월간 납입 기준수			납입 비율(%)		설명
			표준	상선	하선	업체	개인	
양로보험	시정부 [1998] 2호령	북경시 행정구내 도시/향진기업 및 위 기업에서 근무하는 근로자	전 해 보험료 납입 근로자의 월평균 임금	전 해 북경시 근로자 월평균 임 금의 300%	전 해 북경시 근로자 월간 최 저 임금 기준	20	8	
		북경시 행정구역내 도시/ 향진고용업체 및 위 업체에서 근무하는 농민공	전 해 북경시 근로자 월간 최저 임금 기준			20	8	
실업보험기금	시정부 [1999] 38호령	북경시 행정구역내 도시/ 향진고용업체 및 위 업체에서 근무하는 농민공	전 해 보험료납입 근로자의 월평균 임금	전 해 북경시 근 로자 월간 평균임 금의 300%	전 해 북경시 근로자 월간 최저 임금 기준	1.5	0.5	
		북경시 행정구역 내 도시 /향진고용업체 및 위 업체에서 근무하는 농민공	전 해 회사 전체 근로자 월평균 임금			1.5		농민공 개인은 납입 안함
기본의료보험	시정부 [2000] 68호령	북경시 행정구역 내 도시 /향진소유형태의 고용업체 및 위업체에 근무하는 근로자와 퇴직인원	전 해 보험료납입 근로자의 월평균 임금	전 해 북경시 근 로자 월간 평균임 금의 300%	전 해 북경시 근로자 월간 평균 임금의 60%	9	2	
공상보험	《공상보험 조례》 (국무원 375호령) 시정부 [2000] 68호령	북경시 행정구역내의 각종 기업, 종업원을 고용하 는 개체업자와 위 업체와 노동관 계를 맺은 근로자	전 해 회사 피보험인 월간 평균임금 총액	전 해 북경시 근 로자 월간 평균임 금의 300%	전 해 북경시 근로자 월간 최저 임금 기준의 60%	0.2 ~ 3.0	납입 안함	납입 비율은 업종별

사회보험 불납입 경우

저희는 중견기업(제조업)인데 독자기업 형태로 중국 진출을 하게 됩니다. 중국의 보험관련 법률, 법규를 정리해 여러 가지 까다로운 조건들을 고려하다보니, 당초 예상되었던 지출 규모에서 상당히 벗어나는 것을 알게 되었습니다. 어떤 합리적인 방법이 있을지 조언 부탁드립니다.

A|n|s|w|e|r|

노동법은 회사에서 이유없이 사회보험(양로, 실업, 기본의료, 공상보험 등)을 납입하지 않을 경우 관련 정부부문에서 기한 내에 납입하도록 독촉하며, 체납금을 추가 징수할 수 있다고 규정했습니다.

실제 지방정부에 따라 근로자에 대한 사회보험 가입률을 얼마만큼 완성해야 한다는 할당액이 있기도 한데 위 임무를 할 수 있으면 기업에서 100% 가입하지 않아도 눈 감아 주기도 합니다. 어떤 기업에서는 처음에 조건을 만족하는 일부분 근로자들을 위해서만 보험에 가입하고 회사경영실적, 정부정책 등에 따라 점차 보험가입자를 늘리기도 합니다. 예를 들면, 중층 이상 관리자들을 위해 보험을 가입한다든지, 회사 근무연한이 일정 기간에 달하면 가입한다든지 등등이다.

단, 귀사와 같은 제조업의 경우 공상보험은 위험이 있는 생산직에 근무하는 모든 노동자들 위해 가입하는 편이 바람직합니다. 공상보험에 가입할 경우 업무로 인한 부상이나 직업병 등은 관련 규정대로 처리하면 되지만, 보험에 가입하지 않아 회사비용으로 처리하게 되면 복잡해지기 십상입니다.

Tip | **중국의 전신업 발전 현황**

2003년 중국의 전신업 총매출액은 6,739억 원으로서 지난해에 비해 29.6% 증가했다. 국사용 스위치는 6,744만대 새로 증가되어 총용량 증가폭이 9.7%이다. 새로 증가한 고정전화 사용자는 4,908만 가구로서 2003년 말까지 26,330.5만 가구로 늘어났는데 그 중 도시전화 사용자가 17,129.2만 가구이고 농촌전화 사용자가 9,201.3만 가구이다. 새로 증가한 이동전화 가입자는 6,269만 명으로서 2003년 말까지 26,869만 명에 이르렀다. 2003년 말 전국 고정 및 이동전화 사용자수는 53,200만 가구에 달하여 전해에 비해 11,177가구 늘어났으며 전화보급률은 42대/백 명에 이르렀다.

주택기금

중국의 근로자를 위한 주택기금란 무엇인지요?

Answer

중국의 〈주택공적금조례〉(2002년)에 따르면 주택기금(주택공적금)은 국가기관, 국유기업, 집체소유제기업, 외상투자기업, 민영기업, 사업단위, 사회단체 및 그 소속 재직 근로자들이 납입, 예금하는 장기주택예금입니다.

주택기금은 회사와 근로자 개인이 근로자 임금의 일정비율을 지급하는데 위 〈조례〉에 따르면 회사와 근로자 개인이 납입하는 비율이 각각 근로자의 전해 월평균임금의 5%보다 적어서는 안 되도록 규정했으며, 조건이 되는 도시에서는 적당하게 위 비율을 높이도록 규정했습니다. 각 지역의 비율에 차이가 있는데 북경의 경우는 회사와 근로자 개인이 각각 8%씩 납입하도록 규정했습니다.

위 〈조례〉 규정에 따르면 주택기금은 반드시 납입해야 하며, 납입하지 않거나 적게 납입하는 등 경우를 대비해서 벌칙을 규정했지만 사실상 2003년까지 전국적으로 40%에 달하는 근로자들이 주택기금에 가입하지 못한 실정입니다.

근로자는 다음과 같은 경우에 주택기금구좌의 예금액을 인출할 수 있습니다

① 자택을 구매, 신건(신설), 재건설, 크게 수리할 때

② 퇴직, 이직할 때

③ 노동능력을 완전히 상실하고, 동시에 회사와 노동계약을 종료한 경우

④ 출국해 외국에 정착하는 경우

⑤ 건물 구매 대출 원금과 이자 상환 경우

⑥ 건물임대료가 가정임금 수입의 규정비율을 초과할 경우

Tip | **중국 1인당 알코올 소모량 미국의 4.5리터 수준에 접근**

현재 중국의 1인당 알코올 소모량은 일반 개도국보다 훨씬 더 높으며, 미국의 연 1인당 알코올 소비량인 4.5리터 수준에 거의 접근하고 있다. 맥주를 예로 들면, 2003년도 중국의 맥주 소비량은 2,400만 톤에 달하여 세계에서 가장 큰 맥주 소비시장으로 떠올랐다. 중국 맥주시장의 거대한 잠재력은 세계의 주목을 받고 있다.

노동분쟁 해결

회사와 근로자간에 노동계약에 대해서 분쟁이 발생했을 경우 어떻게 해결하는지요?

근로자와 회사 사이에 노동분쟁이 발생하면 협상, 조정, 중재 및 소송의 방식을 통해 해결할 수 있습니다. 분쟁 당사자들은 협상을 이루지 못하면 회사 노동분쟁조정위원회(있을 경우)에 조정을 신청하고 조정을 통해 해결하지 못할 경우 현지의 노동분쟁중재위원회에 중재를 신청할 수 있습니다.

혹은 조정을 거치지 않고 분쟁 일방이 바로 노동분쟁중재위원회에 중재를 신청할 수 있습니다. 중재는 분쟁 발생일로부터 60일 내에 제기해야 하며, 중재위원회는 중재신청을 받은 날로부터 60일 내에 중재판결을 내려야 합니다. 중재 판결에 불복할 경우 중재재결서를 받은 날로부터 15일 내에 법원에 소송을 제기할 수 있습니다. 중재절차는 필수적인 것이며 바로 법원에 소송을 제기할 수 없습니다.

Q 공회

이번에 심천에 합자회사를 설립하려고 합니다. 중국측과 계약서 내용을 합의해 가는 도중에 계약서와 정관의 내용상 공회를 설립할 수 있도록 규정해야 하며 공회기금으로 근로자 임금총액의 2%를 공회에 주어야 한다고 하는데 맞는지요?

중국의 공회란 우리나라의 노동조합과 같다고 하는데 그렇다면 공회도 파업을 할 수 있는지요? 어떤 직원들이 공회에 가입하는지요?

A nswer

1... 가입자

회사의 직원들은 중화인민공화국 공회법, 중국 공회정관의 규정에 따라 하부 노동조합을 결성하고 노조활동을 할 권리가 있습니다. 중화인민공화국 공회법 제3조는 중국경 내의 기업, 사업단위, 기관에서 임금 수입을 주 생활 원천으로 하는 육체노동자와 사무직노동자는 민족, 종족, 성별, 직업, 종교신앙, 교육정도에 관계없이 모두 적법하게 공회에 참가하거나 공회를 조직할 권리가 있다고 규정했습니다.

그러나 중국의 공회와 한국의 노동조합과는 법상 규정된 권리나 회사에서 실질적으로 하는 역할이 다릅니다. 실질적으로 공회에 가입하는 노동자는 회사의 부총경리나 책임공정사도 있어 한국으로 말하면 부사장이나 공장장 등도 공회에 가입이 가능합니다. 이는 과장 등 일정 직책 이상은 노동조합원이 될 수 없도록 하고 있는 한국의 실정과는 다른 것이지요.

2... 공회의 활동범위

중화인민공화국 헌법과 공회법에 의하면 공회는 회사의 직원일 경우 모두 가입 가능하며 한국법과 비교해 볼 때 노동자는 공회를 조직할 권리와 단체계약을 체결할 권리는 있지만 파업을 할 수 있는 단체행동권은 없습니다.

공회는 그 대표자는 있지만 – 일반적으로 주석이라 부른다. – 한국의 경우와 달리 일반적으로 전임자가 없습니다. 회사에서는 단지 공회의 기금을 마련해 주고 사무실을 제공해 주어야 하며 이 시설들을 공회의 업무처리, 회의, 직원단체 복지, 문화, 체육활동의 추진에 사용하도록 해주어야 합니다.

공회가 하는 일로는 법률에 의해 조합원의 민주적 권리와 물질적 이익을 옹호하고 합영기업에 협조해 복지 및 상여기금을 계획하고 합리적으로 사용하도록 하며, 조합원의 정치, 과학, 기술 및 업무지식에 대한 학습활동을 조직하고 문예, 체육활동을 전개하며, 조합원이 조합내규를 준수하고 기업의 각종 경제적 임무의 달성에 노력하도록 교육한다고 규정해 놓고 있습니다.

실제로 중앙 공산당의 기본지침 등을 책자로 편찬해 공회 가입 노동자에게 교육시키는 일이나 회사의 운영방침 등을 전달하는 업무도 합니다.

그 외 회사 노동자들의 일반적인 경조사 행사나 단합대회 등을 주관하기도 합니다. 외상투자기업일 경우 매년 새로 책정되는 임금 상황 등에 대해 관할 정부기관에 보고해야 하는데 이 때 공회의 서명 확인을 받아야 합니다.

3... 공회기금

공회기금은 회사가 전체 직원 임금의 2% 이내 범위 내에서 지급해야 한다고 규정하고 있는데 한국의 파견근로자들이 외상투자기업에서 중국 근로자들과 달리 많은 임금을 받고 있을 시에 위 외국인 파견근로자의 임금도 위 공회기금의 총액기준에 포함시켜야 되는가에 대한 명확한 규정이 없어서 회사들마다 약간씩 달리 적용하고 있는 것이 현실이기도 합니다.

그리고 공회의 조직과 활동은 〈중화인민공화국 노동법〉과 〈중화인민공화국 공회법〉(2001년)의 관할을 받는 외에 많은 성, 직할시, 자치구는 각자 위 공회법에 대한 실시 규정을 제정했는데 이런 규정들은 공회법과 각자의 정황을 결부해서 제정한 것으로, 소속 지역 내에서 유효하기에 유의하기 바랍니다.

노동조합 권리, 경비

공회 즉, 노동조합은 회사에 대해서 어떠한 권리를 가지는지요?

공회(노동조합)는 근로자들이 〈공회법〉 및 관련 법률, 법규에 근거해 자발적으로 조직할 수 있습니다. 공회는 다음과 같은 노동감독권이 있습니다.

1... 회사에서 노동규율, 법규, 근로합법 권익을 침범하거나 위반했을 때 공회는 회사 혹은 관련 부문에 책임지고 처리할 것을 요구할 권리가 있다.

2... 회사가 국가에서 규정한 노동시간을 위반했을 때 교정을 요구할 권리

3... 회사에서 여성 근로자의 특수한 권리와 이익에 관한 법률, 법규를 위반했을 때 공회 및 기타 여성 근로자 단체에서 회사행정 방면에 교정을 요구할 권리가 있다.

4... 회사에서 직원을 해고하거나 처분했을 때 공회에서 합당하지 않다고 인정할 경우 의견을 제기할 권리가 있다.

5... 공회는 국가 규정에 따라 회사의 건설, 증축과 기술개조 과정

중 노동조건과 안전 위생시설에 의견이 있으면 제출할 수 있으며 회사 혹은 관할부문에서는 성실하게 처리해야 한다.

6... 회사에서 강제적으로 직원에게 위험작업을 하게 하거나, 생산과정 중 잠복한 중대사고나 직업위험을 발견하면 의견을 제출할 수 있고, 근로자 생명안전에 위험이 있는 것을 발견하면 회사에 직원을 위험현장에서 물러나게 할 권리가 있으며 회사는 반드시 처리결정을 내려야 한다.

7... 공회는 사망사고조사에 참가할 수 있으며, 기타 부문에 의견을 제출할 수 있고, 주관책임자와 관련 책임자에 대해 책임을 추궁하도록 요구할 권리가 있다.

Tip | **중국의 보험업 발전 현황**

중국의 보험사업의 발전은 빠른 편이며 2003년 중국 보험회사와 외상투자 보험회사 보험료 수입은 3,880억 원으로서 전해에 비해 27.1% 증가했다. 그 중 생명보험 보험료 수입은 2,669억 원, 건강보험과 의외상해보험 보험료 수입은 342억 원, 재산보험 보험료 수입은 869억 원이다. 지급한 각종 배상금 및 지급은 841억 원이다. 그 중 생명보험 지급은 264억 원, 건강보험과 의외상해보험 배상금 및 지급은 101억 원, 재산보험 배상금은 476억 원이다.

산업연수생

저희 회사는 복건성 복주에 전자제품 생산 공장에 투자해 현재 공장을 건설하고 있습니다.

저희 회사가 만드는 제품 생산공정은 아주 정밀과 숙련된 기술을 요하는 것으로서 공장의 본격적인 가동이 시작되자마자 양질의 제품을 생산하려고 하면 중국인 근로자들의 6개월~1년 정도의 기술훈련이 필요합니다. 이에 공장 건설중에 중국인 근로자들을 채용해 한국 본사 공장에 파견해 기술훈련을 시키고 싶은데 가능한지요?

어떠한 절차를 밟아야 하는지요?

Answer
공장이 설립, 가동되기까지 수개월 내지 1년이 넘게 걸리는데 공장 설립 후 최소한의 기간 내에 양질의 제품을 생산하기 위해서는 공장 설립기간 동안 중국근로자들을 채용해 한국의 공장에서 훈련을 시킨 뒤 바로 중국 공장이 완공되자마자 중국 현장에 투입되는 것이 효과적일 것입니다. 이에 이렇게 배치할 중국근로자 – 산업연수생 – 들은 한국 출입국관리국으로부터 비자를 발급받는 데 필요한 서류를 받아서 이를 중국소재 한국영사관에 제출해 입국비자를 받아야 합니다.

그러나 현실적으로는 중국현지 공장이 설립, 가동되어 매출이 있는 등의 실적 서류가 필요하므로 공장 설립 단계에서 중국인 산업연수생들을 한국에 입국시키는 데에는 현실적인 어려움이 많습니다. 현지 투자업체의 산업연수생 초청시의 구비서류는 다음과 같습니다.

◪ 일반사항

① 사증발급인정 신청서(소정양식) : 2인 이상인 경우 별지에 작성

② 초청사 및 피초청사 현황 : 설립일, 자본금, 매출액, 종업원수, 생산시설, 주요영위 업종, 내수 등 거래관계 사항

③ 해외직접투자 신고수리서(허가서, 인증서) : 외국환은행 발급

④ 현금투자인 경우 송금자료(전산케이블, 해당은행 발행 송금확인서)

⑤ 외화증권취득 보고서

⑥ 현물투자인 경우 : 수출면장, 선하증권

⑦ 기술수출계획 신고수리서 : 기술제공업체인 경우(한국산업기술진흥협회 발급)

⑧ 산업설비 수출승인서 : 산업설비 수출업체인 경우(해당 외국환은행 발급)

⑨ 용역비 및 수출대금 외국환입금 확인서 : 기술 및 산업설비

제공업체인 경우(해당은행 발급)

⑩ 해외직접투자 내용변경 신고수리서 또는 은행 보고서류 :

최초 투자내용이 변경된 경우

⑪ 투자계획서 : 최초 신고한 투자금액이 완료되지 않은 경우

⑫ 연수계획서(소정양식)

⑬ 연수세부계획서 : 연수시설, 연수일정, 연수생 관리대책,

연수생 복지반안 등

⑭ 초청사 임금대장 또는 급여대장 사본(최근 3개월분)

　－ 필요시 고용보험가입자 명단 추가제출(고용안정센터 발급)

⑮ 현지법인의 등록증, 설립허가서 사본 및 기타 현지법인에

관한 증빙서류 : 현지 한국공관 확인

⑯ 파견명령서 : 현지법인 대표 명의

⑰ 거민 신분증 양면 복사 : 중국인 연수생에 한함

⑱ 연수생 현황 : 입국자, 출국자, 이탈자, 현 인원 순으로 작성

⑲ 신원보증서(회사대표 명의로 법률사무소에서 공증)

◪ 현지법인가동 근거서류 및 연수입증 서류

① 현물투자인 경우 투자해당국의 통관관계 서류

② 회사 관계자가 현지법인이 있는 국가로의 출입국 사실이

있는 경우 : 그 명단

③ 현지법인이 합작사인 경우 : 상대방측 대표자 또는 관계인
의 국내 및 재직사실 여부와 그 인적사항

④ 연수받은 인원의 현지법인 활용도 및 근무실태

⑤ 초청사 직원의 현지법인 파견자 명단(성명, 생년월일) 및
임금지급 관계

⑥ 초청사에서 현지법인의 생산에 필요한 원부자재 수출한 실적

⑦ 현지법인 생산품의 내수 거래관계, 제3국 수출실적 또는
국내 수입실적

⑧ 중국의 현지법인이 합작사인 경우 동사장이나 총경리중 한
명은 내국인이므로 그의 명단 및 임금지급 관계

⑨ 현지법인의 전년도 결산보고서

⑩ 현지법인의 소재지 국가 은행과의 최근 1년간 거래실적

⑪ 현지법인의 소재지 국가에 세금을 납부한 증명서류

⑫ 현지법인의 연수파견자 임금지급대장 또는 근거서류

⑬ 현지법인과 연수파견자간 작성한 연수파견 계약서

⑭ 초청사 연수수당 지급대장(체류기간 연장시에만 제출)

⑮ 임금지급시 현금을 인출한 현지법인 은행통장사본 또는 근
거서류

※ 회사 현황, 투자관련 서류, 결산보고서 등 이미 제출한 서류들은 재신청
시 제출 생략(단, 관련 서류들의 내용이 변경되었을 경우 새로이 제출)

※ 원부자재 수출실적, 은행거래 실적, 예금 납부서류 등은 매 신청시 가
장 최근 서류로 제출 요망

중국인 명의의 투자 - 이면계약

중국 상해에서 식당업을 경영하려고 합니다. 중국 현지 파트너 2~3명과 같이 사업을 진행 준비중에 현지 식당의 임대계약 명의 문제가 걸렸습니다. 중국측 파트너 중 1명을 내세우려 하는데 차후에 별문제가 없겠는지요? 또 다른 방법은 없는지 궁금합니다. 그 문제만 해결되면 바로 영업에 들어갈 준비는 다 되었는데 고민입니다.

A외상투자기업 설립시 외국투자자는 개인이 가능하지만 중국투자자는 반드시 회사, 기업, 기타 경제단체(극소수의 고신기술산업단지나 지역은 개인투자가 가능)여야 하며 개인은 파트너가 될 수 없습니다.

중국인 명의, 중국회사 명의로 경영할 경우 획득한 이윤에 대한 외국으로의 송금 문제가 존재합니다. 외국투자자가 중국에서 합법적으로 획득한 이윤만 송금 가능합니다.

지금 귀하의 질문을 볼 때 정식으로 외상투자기업을 설립하지 않고 돈을 귀하가 부담하고 사실상 영업허가 등은 중국인 명의로 내어서 사업을 하고자 하는 것으로 판단되는데 (즉 중국인이 회사를 설립하는 경우라 할 것임) 이러한 경우 임대료, 영수증, 세금 등 모든 회계처리는 중국인 명의로 해야 하므로 결국 중국인과의 신뢰관계가 가장 큰 문제일 것입니다.

Tip │ **골프장 난립**

골프는 '귀족신분'을 나타내는 운동으로서 일정 기간 동안 중국에서 '거족'의 발전을 가져왔다. 중국 정부부문의 조사에 따르면 현재 전국 27개 성, 자치구, 직할시에 근 200개에 달하는 골프장이 있으며, 북경 28개, 상해 13개, 해남, 산동, 하북, 복건, 천진에는 평균 5개 이상의 골프장이 있다고 한다. 중국의 토지 징수 관련 규정에 따르면 1,000무 이상의 토지를 사용하려면 국무원의 허가를 받아야 하는데 18개 홀이 있는 골프장을 건설하는 데 근 2000무의 토지가 필요하다. 사실상 국토자원부에서 허가한 골프장은 10개에 불과한데 이는 골프장 난립의 현실을 보여준다.

▌▌▌ 참│고│문│헌

《중국투자 꽌시보다 법이 우선이다》 김희철 저, 2003, 중앙경제평론사

《외상투자 최신법규 해답》 호경암 저, 2002, 기업관리출판사

《중국이용투자 법률이론과 실무-상중하》 서경화 등 3인, 1999, 인민법원출판사

《외상재화 투자법률 지침서》 임화위, 2000, 중국경제출판사

《전국기업 법률고문 집행자격고시 지침서》 자격고시용책 편찬위 저, 2002, 경제과학출판사

《노동계약서, 노동과 사회보장문서규범 지침서》 단청 저, 2001, 중국민주법제출판사

《중국섭외 경제법과 WTO 국제법규》 손남신 저, 2001, 법률출판사

《중화인민공화국 대외경제무역 법률법규 규장》 중국대외무역 경제합작부, 2002, 법률출판사

《중국외상투자법 문제 연구》 호형성 저, 2001, 법률출판사

《외상투자기업법 개론》 초지용 저, 2000, 수도경제무역대학 출판사

《중국투자법률지침》 심사보 저, 2000, 법률출판사

《외상투자법률실무》 조상림, 조 준 공저, 2002, 중신출판사

《북경부동산》 2002, 북경부동산잡지사

《중국토지정책 법률지침》 1999

《중소기업법률실무》 동려화 주편, 2001, 지식출판사

㉔ 상가·점포 투자 어떻게 할까요?

권리금 계산, 동종업종 금지행위 등 상가·점포에
관심있는 투자자들이 까다로워하는 사항들을
알기 쉽게 풀어서 설명한다.

전철 지음 | 신국판 | 256쪽 | 12,000원

㉘ 프랜차이즈 제대로 알면 당신도 CEO

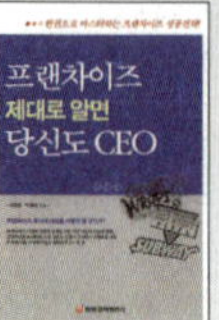

프랜차이즈 사업계획, 본부설립, 가맹점 창업,
서비스 개발과 공급, 마케팅 활동,
유망업종 분석 등 프랜차이즈 사업의
전과정을 심도있게 분석 정리한 책이다.

이광종·박상익 지음 | 신국판 | 400쪽 | 15,000원

㉕ 오퍼상 어떻게 하나요?

무역 및 창업부문 스테디셀러 《오퍼상이나
해볼까?》의 저자 이기찬의 또 하나의 역작.
오퍼상 창업과 관련한 모든 궁금증을 119가지의
상담사례를 통해서 명쾌하게 풀이한 책이다.

이기찬 지음 | 신국판 | 332쪽 | 12,000원

㉙ 성공하는 쇼핑몰 창업 나도 할 수 있다

인터넷 쇼핑몰 창업에 관심있는 사람들을 위한
안내서로 이론보다는 현장에서 활용할 수 있는 실전
위주의 책이다. 저자만의 쇼핑몰 창업 노하우를
누구나 알기 쉽게 문답식으로 풀어썼다.

장종수 지음 | 신국판 | 292쪽 | 12,000원

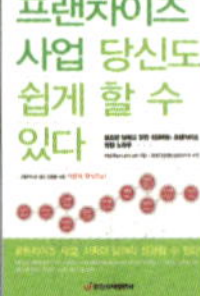

㉖ 프랜차이즈 사업 당신도 쉽게 할 수 있다

10여 년간 현업에 종사하면서 실전경험을 쌓아온
저자가 프랜차이즈 예비창업자들이 최대한 실패의
위험을 줄이고 창업에 성공할 수 있는 방법을
11단계 과정별로 알기 쉽게 설명한 책이다.

서민교 지음 | 신국판 | 392쪽 | 15,000원

㉚ 펀드투자 아는 만큼 고수익 올린다

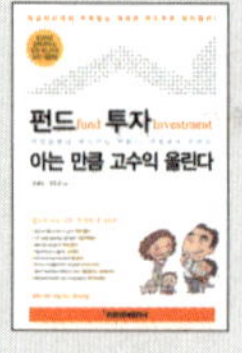

펀드의 정의, 유형, 투자방법을 단계별로 설명하며,
특히 시장상황이나 개인사정에 따라
적절히 투자할 수 있는 13가지 펀드에 대해
자세히 안내한다.

김재욱·염후권 지음 | 신국판 | 280쪽 | 12,000원

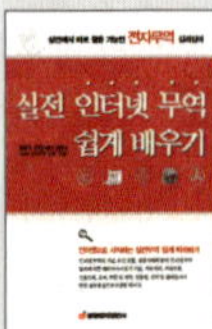

㉗ 실전 인터넷 무역 쉽게 배우기

인터넷 무역의 의미, 최근 흐름, 성공사례와 함께
인터넷 무역 절차에 따른 해외바이어 찾기,
거래제의, 거래조회, 신용조회, 오퍼, 주문 등
완전 실무중심으로 구성된 책이다.

염홍기·한혁 지음 | 신국판 | 372쪽 | 15,000원

㉛ 변액 유니버설보험 제대로 알면 성공한다

변액보험, 유니버설보험, 변액유니버설보험,
통합보험, 종신보험, CI보험, LTC보험 등
최근 각광받고 있는 주요 보험상품의
선택기술을 집중 소개.

김동범 지음 | 신국판 | 284쪽 | 12,000원

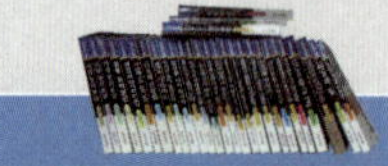

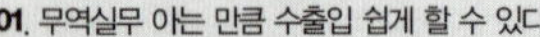

부자의 꿈을 이루게 해주는 중앙경제평론사 〈재테크시리즈〉는 앞으로도 계속 발간될 예정입니다.